すらすら
[SURA-SURA]

A Text for
Intermediate Japanese

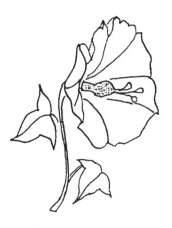

Chie Imaizumi Chao
Masahiko Seto

Library of Congress Cataloging in Publications data:

Chie Imaizumi Chao and Masahiko Seto
Sura sura: A Text for Intermediate Japanese

Japanese language- Textbook for foreign speakers-
English

ISBN 978-0-887-10186-1

Cover art: detail from Hokusai: UNDER THE WAVE OFF KANAGAWA.
Courtesy of: The Metropolitan Museum of Art, The Henry L. Phillips Collection,
Bequest of Henry L. Phillips, l939. (JP 2972)
Photograph (c) 1991 The Metropolitan Museum of Art

Printed in the United States of America

A Text for Intermediate
JAPANESE

● Acknowledgements ●

The manuscript of this book, while it was being prepared, was used for four years prior to its publication in the teaching of Intermediate Modern Japanese at Yale University.

Encouragement and useful suggestions were provided by John S. Montanaro, the Editor of Far Eastern Publications.

We express our appreciation to Andrew Dillon who read the manuscript and gave us useful suggestions and advice.

We wish to express our gratitude to our colleagues, particularly Akane Mori, Michiaki Murata and Keller Kimbrough, and students in the Department of East Asian Languages and Literatures at Yale University for their help and comments during the writing and the classroom testing of the materials.

Our special thanks are due to Andrew Ehrgood who checked the English in the grammar notes and helped translate the exercises in the early stages of the manuscript.

We are also indebted to Eiichi Ito who patiently taught us how to use the computer and Japanese word processing techniques. Without his help this book might not have been possible.

We are especially grateful to Mark Silver who painstaking went over the manuscript for errors in both Japanese and English, and helped us translate some of the Japanese sentences into English. In addition, he gave us valuable suggestions in regard to the format of some parts of the book. We also owe to him the idea for the title すらすら *sura-sura* which means "smoothly" or "fluently."

It is our hope that when students have completed this book, they will likewise discover increased fluency and smoothness in their Japanese speaking, reading and writing.

Chie Imaizumi Chao
Masahiko Seto

October 1996, Yale University

● A Note on Sources ●

The text of Urashima Taro in Lesson 4 is adapted from the anonymous classical Japanese version of Otogi-zoshi that appears in the Nihon Bungaku Taikei (Iwanami Shoten, 1958), Vol. 38, pp. 337-345.

The diagram in Lesson 6 illustrating the development of kanji is based on information in the Kanji Naritachi Jiten (Kyoikusha, 1982).

Lesson 8 of the book (Issun-Boshi) has been adapted from the children's book Issun Boshi by Motoko Ishii (Fukuinkan-Shoten, 1965).

● Table of Contents ●

Acknowledgements v
A Note on Sources vi
Table of Contents vii

Introduction ix

How to Use this Book xi

1. On the Subway 地下鉄の中で (Conversation between a Japanese
     person and an American student) 1
2. A Letter to My Parents 両親への手紙 13
3. A Fishing Excursion つりに行こう (Conversation between a man
     and his nephew) 25
4. Urashima-Taro 浦島太郎 (Fairy tale) 38
5. Cooking Around the World 世界の料理 50
6. Characteristics of the Japanese Language 日本語の特徴 64
7. On Ethnic Conflict 民族の問題 77
8. Issun-Boshi 一寸法師 (Fairy tale) 89
9. Journey to China 中国への旅 (Letter) 102
10. On Religion 宗教について 114
11. Hideyoshi and Rikyuu 秀吉と利休 (A famous general and a great
     master of the tea ceremony) 129
12. On the World Economy 世界の経済 144

Grammar Notes Index 158
Kanji Index 162
Vocabulary Index 168

● Introduction ●

Sura-sura is intended for students who have completed a comprehensive course in elementary Japanese and have gained a knowledge of about 300 basic **kanji.** The twelve lessons offer sufficient material for a typical five-class-hour-per-week intermediate level course of one to one and a half semesters duration.

Our goal is to improve speaking as well as reading and writing skills. All patterns and idioms used have been chosen for their usefulness in promoting the acquisition of these skills. Certain, especially important grammatical features, such as the passive and causative forms of the verb, are presented repeatedly in order to reinforce student command. Formal, literary, or archaic expressions rarely used in modern Japanese have been avoided.

We have attempted to control the introduction of new vocabulary without sacrificing the natural flow of language. This, we believe, is an important feature of the book. Intermediate Japanese students expect to read and talk about topics of genuine interest and intellectual appeal, and, we hope, that we have chosen topics that will spark their interest, increase their enthusiasm and result in better and more lively communication and interaction in class. Topics range from economics and history to culture and politics. Two well-known Japanese fairy tales are also included. The lessons presented not only build on a base of essential, high frequency vocabulary, but also contain the ingredients for spirited classroom discussion.

The number of new **kanji** introduced in each lesson is also controlled. With a base of 300 kanji we introduce an additional 25 (on average) in each lesson, allowing the student to concentrate on the difficult task of mastering grammatical patterns and sentence structure. For students wishing to learn a greater number of **kanji,** the vocabulary lists include supplementary **kanji** for the many words that appear in **hiragana** in the main lesson.

Efforts have also been made to make grammatical explanations as simple and as concise as possible. New points of grammar are exemplified with examples in Japanese.

The lessons are presented in order of increasing difficulty. Students who have finished *sura-sura* should be able to begin to attempt to read newspapers or short essays with the aid of a dictionary, and to discuss a wide range of topics with some intellectual depth.

Each lesson consists of the following sections: a main text, a list of vocabulary and new **kanji**, grammar notes, grammar and usage exercises, translation exercises, questions to check reading comprehension and writing exercises. These are explained in detail below.

● How to Use this Book ●

1. Main Text

The main text is typically a short essay, story, or a dialogue. With the exception of the two fairy tales, which have been rewritten by the authors, all the other texts have been composed by the authors especially for this book. Underlined boldfaced portions of the main text are explained in the grammar notes and later drilled in the exercises. The subscripted number after each underlined boldfaced item corresponds to a numbered grammar note and to subsequent exercises.

2. Vocabulary and New Kanji

In this book the vocabulary and new kanji introduced in each lesson appear in a single list. "New" kanji means kanji that are not introduced in the first 20 lessons of E. H. Jorden's *Reading Japanese*. Rarely used kanji in the names of people and places are introduced with readings indicated in hiragana, but are not included in the new kanji list.

Example A: 17　　忙しい　いそがしい　　　busy

The 17 indicates the number of the line in the main text where the new kanji (or the new word) appears. The new kanji 忙 appears in large type and the relevant pronounciation of the character is underlined (いそがしい). As a rule, only those pronounciations used in the main text are shown.

Example B: 10　　質 しつ　　　　　　　　quality
　　　　　　　質問 （しつもん）する　　question

Although the character 質 is used in the compound 質問 in this lesson, 質 is commonly used alone as well. So the meaning of 質 (quality) is also provided.

Example C: 14　　祖 そ
　　　　　　　祖父　　　　　　　（そふ）　grandfather

In the case of 祖, even though this character has a meaning in itself (ancestor), it is usually used in compound such as 祖父 and cannot be used independently, so only the pronounciation is shown.

Example D: 4 　　機 き 　　　　　　(機械きかい＝machine)

飛行機 （ひこうき） 　　airplane

Furthermore, a compound which does not appear in the text but is helpful in remembering the character is sometimes shown in parentheses.

In certain cases, so as not to discourage students by giving them too many kanji at the same time, hiragana has been used to write a word that is normally written in kanji. The vocabulary list, however, includes the kanji for such words in parentheses.

3. Grammar Notes

This section provides notes for the underlined boldfaced parts of the main text. Most of the grammar points and patterns (including idioms) explained here will be new to students at this level. However, in the first four lessons, grammar points usually covered in the typical first year course in Japanese are reviewed once again for reinforcement. The brief grammar notes are supplemented by several illustrative examples.

4. Grammar and Usage Exercises

This section provides exercises for the underlined boldfaced parts of the main text. Most of the exercises take the form of transformation drills or questions that students answer using the given expression. Students can use these exercices to practice outside class as preparation for further drill with the teacher.

5. Translation Exercises

Each sentence for translation in these exercises is also keyed to correspond to an underlined boldfaced item in the main text. These exercises are meant to allow students to check their understanding of a grammar point and improve their ability to express themselves using the newly acquired patterns.

6. Questions

The purpose of this section is to check the students' understanding of the content of the main text. The questions also can be used to improve conversational ability by making them the basis for class discussion.

7. Writing Exercise

In order to provide opportunities for students to write on a regular basis, writing topics related to the content of the main text are provided here, but other topics may be substituted by the teacher.

8. Abbreviations

The following abbreviations are used in this book.

N. . . . . Noun
V. . . . . Verb
V-た. . . . . Past form of verb such as 行った
V-て. . . . . Gerund form of verb such as 行って
V-ば. . . . . Provisional form of verb such as 行けば
V-よう／V-おう... Tentative form of verb such as 見よう／行こう
na-N. . . . . A noun which takes <u>na</u> such as 静かな、元気な
adj . . . . Adjective

1. 地下鉄の中で
On the Subway

● **Main Text** ●

（一人の外国人が東京の地下鉄の中で地図を見ながら心配している）

ハイゼンベルグ：あのう、ちょっとうかがいますが。

青山 （あおやま）：何でしょうか。

ハ：六本木はまだでしょうか。

青：ええ、まだですよ。四つか五つ先ですよ。私も六本木で降りますから　　₅
　　教えてあげますよ。

ハ：ありがとうございます。日本へ<u>来たばかり</u>₁で、駅の名前がよく聞こ
　　えないんです。二年も勉強しているのだから、もっと分かる<u>はず</u>₂なの
　　ですが。

青：まだ二年<u>しか勉強していない</u>₃のに、もうそんなに上手に話せるん　　₁₀
　　ですか。

ハ：いえ、いえ、まだ下手ですよ。言いたいことがあっても、うまく言え
　　ないことがしょっちゅうあります。

青：どちらからいらっしゃいましたか。

ハ：アメリカからです。　　　　　　　　　　　　　　　　　　　　　　₁₅

青：そうですか。実は、私はこのごろラジオで英語の勉強をしているんで
　　す。仕事が忙しいので、一日、三十分しか出来ないんですが、でも、毎
　　日少しずつやる<u>ことにしている</u>₄んです。

ハ：それでは、英語で話しましょうか。

青：いえ、ちょっと…、それはまた今度にしましょう。私もあなたのよう　　₂₀
　　に若い<u>うちに</u>₅もっと勉強して<u>おけばよかった</u>₆と思いますよ。特に
　　外国語のようなものは。

ハ：若くても、なかなか覚えられないものもありますよ。私の場合、漢字がにが手で困っています。

青：なるほど。漢字は覚えるのが大変でしょう。

ハ：ええ、新しい漢字を覚えるたびに、前に習った漢字を忘れてしまいます。 5

青：あれっ、今の駅はどこだったかな。地下鉄は外が何も 見えない 7 から不便ですねえ。

ハ：外を見ても、どこを走っているのか分かりませんからね。

青：まだお名前をうかがっていませんでしたね。

ハ：私はハイゼンベルグと申します。

青：ドイツ人のようなお名前ですねえ。 10

ハ：はい、実は私のおじいさんはドイツから来たのです。

青：そうですか。…あの、ちょっとお教えしておきますが、今の場合には「祖父」を使った方がいいですよ。

ハ：あっ、そうでした。自分の家ぞくの場合は祖父、祖母を使うんでした 15 ね。何度言われても、忘れてしまいます。

青：それ ばかり ではなく 8 話しているのが目上の人か目下の人かによって、どのくらいていねいなことばを使うか決めなければならないから大変ですね。私は青山と申します。赤い とか 9 青いとかの青です。まあ、漢字の話しはやめておきましょう。ところで、いつまでこちらにいらっ 20 しゃいますか。

ハ：半年で帰らなければなりません。クリスマスまでには帰って、お母さんとお父さん、ではなくて … 母や父といっしょにクリスマスを過ごすつもりです。

青：この広い東京でお会いしたのも、何かの「ごえん」でしょうから、一 25 度、家に遊びにいらっしゃいませんか。

ハ：どうもありがとうございます。ぜひうかがいます。でも、その「何かのごえん」というのは何ですか。

青：ああ、これは分からないでしょうね。やさしく言えば…、仏教のことばですが、まあ、ずっと前から、たとえば私やあなたが生まれる前から 30 今日、私達がここで会うことが決まっていたとか、もともと二人の間に

2

は何か関係があった、というような意味です。あまりうまく説明できな
　くて、すみません。
（「次は六本木です」というアナウンスがあるが、二人には聞こえない）

ハ：おもしろい考えですねえ。すると青山さんは仏教を信じていらっしゃ
　るのですか。
青：いいえ、別に信じてはいませんが、日本語の中には仏教から来たこと
　ばがたくさん残っているんですよ。　あっ！六本木ですよ！　急いで！
　あっ！かばん！かばん！それから、かさ！

（二人は出口の方へ走っていくが、二人の前でドアがしまる）
ハ：どうもすみません。　私がつまらない質問をしなければよかったんで
　す。
青：いいえ、私の方が悪いんです。しかし二人いっしょに六本木で降りら
　れなかったのも、何かの「えん」かもしれませんよ。ふつう、このこと
　ばは悪いことについては、あまり使わないんですがね。

● Vocabulary and New Kanji ●

page 1

1	鉄<u>てつ</u>	iron
	地下鉄 (ちかてつ)	subway
	外国人 (がいこくじん)	foreigner
	地図 (ちず)	map
	心配 (しんぱい) する	worry
2	うかがう	[humble] ask (inquire); visit
4	六本木 (ろっぽんぎ)	place name in Tokyo
5	四つか五つ	4 or 5
	降<u>おりる</u>	get off cf. 降 (ふ) る = fall (rain, snow)
7	～したばかり	just did ~
	駅 (えき)	train station
8	二年も	as long as 2 years
10	まだ	still; not yet (まだ～ない)
13	～することがある	there are times when ~
	しょっちゅう	very often; always
16	実<u>じつ</u>	
	実 (じつ) は	Actually, ...
17	忙<u>いそがしい</u>	busy
18	少 (すこ) しずつ	little by little
20	今度 (こんど)	next (another) time; this time
	～のように	like ~ e.g., パリのようにきれいな町
21	若 (わか) い	young
	～しておく	do ~ in advance /for future use/ for the time being
	特 (とく) に	especially

page 2

1	なかなか～ない	not ~ easily
	場合 (ばあい)	(in) case; occasion
2	(Xが)にが手 (て) (な)	be bad [unskilled] (at X)
3	変<u>へんな</u>	strange
	大変 (たいへん) (な)	hard; difficult; very; terribly
4	～するたびに	every time ~

4

6	〜かな	I wonder if 〜 [men's speech]
		cf. 〜かしら [women's speech]
	何 (なに) も見えない	can't see anything
		cf. だれも居ない there is no one
		どこへも行かない go nowhere
7	不便 (ふべん) （な）	inconvenient
8	走 はしる	run
10	申 もうす	[humble] say; be named
13	お教 (おし) えする	[humble] teach [お＋V stem＋する]
14	祖 そ	
	祖父 (そふ)	grandfather
	祖母 (そぼ)	grandmother
	〜した方 (ほう) がいい	had better do 〜
15	家 (か) ぞく（家族）	family
17	〜ばかりではなく	not only 〜 but (also)
	目上 (めうえ)	one's senior [elders]; one's superior
	目下 (めした)	one's junior; one's inferior
	(X) によって	depending on (X)
18	ていねい（な）	polite
	ことば（言葉）	word; language
	決 (き) める	decide
19	とか	and such; and the like
20	ところで	by the way
22	（半年）で	in (half a year)
	〜までに	by [the time] 〜
23	Xではなく（て）、Y	not X, but Y
	過 (す) ごす	spend (time)
25	広 (ひろ) い	[of land, house] large, spacious; wide
26	遊 (あそ) ぶ	play; amuse oneself; visit (for pleasure)
27	ぜひ	by all means
29	仏 ぶつ	
	仏教 (ぶっきょう)	Buddhism
30	たとえば（例えば）	for example
	生 (う) まれる	be born
31	達 たち	

Lesson 1

私達 (わたくしたち)		we
もともと		from / in the beginning; originally

1	関係 かんけい		connection; relation(ship)
	意味 いみ		meaning
	説明 (せつめい) する		explain
3	アナウンス		announcement
4	すると		then
6	信 しんじる		believe
	別 べつ		difference, another thing
	別に～ない		not especially ＝ 特別に～ない
7	残 のこる		remain; be left over cf. 残す ＝ leave behind
	急 (いそ) ぐ		be in a hurry; hurry up
8	かばん		bag; briefcase
9	出口 (でぐち)		exit
10	質 しつ		quality
	質問 (しつもん) する		question
13	ふつう （普通）		usually

● Grammar Notes ●

(1)日本へ<u>来たばかり</u>です。 (I have just come to Japan.)

   V-た＋ばかりだ＝verb action has just taken place.

   Often interchangeable with V-た＋ところだ（見たばかりです＝見たところです）

 1 今起きたばかりです。 (I just got up.)

 2 この仕事ははじめたばかりで まだよく出来ません。　(I just started this job, so I still can't do it well.)

(2)分かる<u>はず</u>だ。 (be supposed to understand / should understand / ought to understand / one assumes that another will understand)

   はず expresses one's expectation. It attaches as follows: V＋はず、 adj＋はず、 na-N ＋なはず、 N＋ のはず

 1 青山さんは その部屋に居るはずです。　(Mr. Aoyama is supposed to be in that room.)

 2 そのみせのものは 安くて いいはずです。 (Things at that store should be inexpensive and good.)

 3 その部屋はきれいなはずです。 (That room should be clean.)

 4 来るはずの人が来ていません。 (The person who should be here is not here.)

(3)二年<u>しか</u>勉強して<u>いない</u>。 (I have been studying only two years.)

   しか always takes a negative form.

 1 少ししかないから、あなたには上げられません。 (I have only a little, so I can't share it with you.)

 2 このクラスには学生が十五人来るはずなのに、今日は三人しか来ていません。 (Even though 15 students are supposed to attend this class, there are only three have come today.)

(4) やる<u>ことにしている</u>。 (I make it a practice to do)

   One makes some effort to do (or not to do).

   The verb that precedes こと is always in present form in this usage.

 1 毎日三十分ずつ漢字を書くことにしています。 (I make it a practice to write kanji for 30 minutes everyday.)

 2 この部屋では コーヒーは飲まないことにしています。 (I make it a point not to drink coffee in this room.)

cf. することにする　(decide to do)

(5) 若い<u>うちに</u> (while he is young)

   うちに can be preceded by adj; V＋ている ; N＋のor な

   When preceded by a negative verb, the resulting phrase means " before something happens"

　　　　　　　　　　　　　　　Lesson 1

1 安いうちに買っておこう。(I will buy it while it is still cheap.)

2 高くならないうちに買っておこう。(I will buy it before it gets expensive.)

3 本を読んでいるうちに寝てしまった。(While I was reading a book, I fell asleep.)

4 静かなうちに勉強しよう。(I will study while it is quiet.)

5 子供のうちに習っておいた方がいい。(It is better to learn it while one is a child.)

(6) もっと勉強しておけばよかった。(I wish I had studied more beforehand.)

V-ばよかった。(I wish I (he) had V. / I (he) should have V.)

V-ば (Vと) いい。(It would be good if I (he) will V / I hope he will V.)

1 青山さんに話しておけばよかったです。(I should have told it to Mr. Aoyama.)

2 あんなにたくさん食べなければよかった。(I wish I had not eaten so much.)

3 早く帰ればよかったのに。(You should have gone home early.)

4 村田さんが明日来ればいいですねえ。(I hope Ms. Murata will come tomorrow.)

(7) 見える (be visible, can see)

One has the ability to see, or something is visible to one

1 そのせきからこくばんの字がよく見えますか。(Can you see the characters on the blackboard well from that seat?)

2 晴れてきて山やみずうみが見えてきました。(It began to clear up, and the mountains and the lake started to come into view.)

cf. 見られる be able to see; have occasions, chances or permission to see

このへんで日本の映画が見られますか。(Can you see Japanese movies around here?)

(8) そればかりで (は) なく (not only that but also)

XばかりでなくYも (not only X, but Y also)

1 青山さんは英語ばかりでなくスペイン語も上手です。(Mr. Aoyama is fluent not only in English but also in Spanish.)

2 漢字は読めるばかりではなく書けるようにもならなければならない。(You have to get so you can write kanji as well as read them.)

3 あの家は広いばかりでなく日当たりもよい。(Not only is that house big, it is sunny, too.)

Note the use of the particle も in the above examples.

(9) とか (and such / and the like / something like / something to the effect)

When used to connect nouns, とか is similar to や and is often repeated (AとかBとか).

Variations. (AとかBなど; AとかBなんか)

1 飲み物とか食べ物 (とか) は持ってこなくてもいいです。(You don't have to bring food or drinks or things like that.)

cf. 飲み物なんか持ってこなくてもいいです。(You don't have to bring such things as drinks.)

2 行くとか言っていました。(She was saying she'd go or something.)

3 行くとか行かないとか言っていました。(He was very vague about going.)

● Grammar and Usage Exercises ●

1．V-た　ばかりだ

　　例：昨日、この町に来ました。➡ 昨日、この町に<u>来たばかり</u>です。

＊クラスに来る前に朝ご飯を食べました。

＊ゆうべ、その映画を見ました。

＊一か月前に仏教について勉強しはじめました。

2．はずだ

　　例：みなさんはカタカナが書けますか。➡ カタカナは全部<u>書けるはず</u>です。

＊戸だなの中のコップはきれいですか。

＊その部屋にだれか居ますか。

＊いくつになるまで、お酒を飲んではいけませんか。

3．〜しか...ない

　　例：一つ買いました ➡ 一つ<u>しか</u>買い<u>ませんでした</u>。

＊その部屋には人が一人います。

＊月曜日と水曜日にクラスへ行きます。

＊えんぴつで書きます。

4．ことにしている

　　例：毎朝どんなことをしますか。➡ 毎朝、三十分<u>走ることにしています</u>。

＊夜、寝る前にどんなことをしますか。

＊日本語のクラスで英語を話しますか。

＊太 (ふと) りたくない人は、どんなものを食べないでしょうか。

5．〜うちに

　　　　　　　　　　　　　　　　　　　Lesson 1

例：この魚は悪くならない／食べよう ➡ 魚が悪くならないうちに食べよう。

＊私達は話しをしている／くらくなった

＊学生だ／いろいろな所に旅行した

＊山田さんは来ない／勉強しておこう

6．V-ば　いい[よかった]

　例：早く休みになる。　➡　早く休みになればいい。

＊中国語が上手に話せません。

＊夏休みにあまり勉強しませんでした。

＊昨日来ました。

7．見える／見られる

　例：木の上の青いとりが見えますか。➡ よく見えませんが。

＊この部屋のまどから、どんなものが見えますか。

＊雨の日と晴れの日とでは、どちらが遠くまで見えますか。

＊どこへ行けば、くじら(=whale)が見られますか。

8．それ ばかりで(は)なく、

　例：スポーツは見るだけですか。➡ いいえ、見るばかりでなく、自分でもします。

＊あなたは英語しか話せませんか。

＊この本ではひらがなだけしか使われていませんか。

＊あなたの部屋からは空しか見えませんか。

9．XとかYとか[など／なんか]

　例：どんな国の車をよく見ますか。➡ ドイツとか日本などの車をよく見ます。

＊日本にはどんなおいしい食べ物がありますか。

＊アジアにはどんな国がありますか。

● Translation Exercises ●
■ Japanese → English ■

1. この会社に勤めはじめた<u>ばかり</u>だから、仕事のことはまだよく分からない。

2. あの人はパリに十年もいたからフランス語が上手な<u>はず</u>です。

3. この町には駅は一つ<u>しか</u>ない。

4. 毎晩、七時からテレビのニュースを見る<u>ことにしている</u>。

5. 大学にいる<u>うちに</u>、外国語をもう一つ勉強しておこう。

6. 私もあなたのように<u>若ければいいんですが</u>。

7. 東京からふじ山 (さん) が<u>見えますか</u>。／天気が悪ければ見えません。

  cf. ニューヨークで日本の映画が<u>見られます</u>か。

8. 私のアパートの部屋は、せまい<u>ばかりでなく</u>、まどが小さくて、くらい。

9. 夏休みには海<u>とか</u>山（とか／など）に行って遊ぶ人が多い。

■ English → Japanese ■

1. Because I <u>just</u> ate lunch, I don't want to eat anything now.

2. I met Professor Tanaka just last month, so he <u>should</u> remember me.

3. Usually I drink as many as two or three cups of coffee in the morning, but this morning I had <u>only</u> one cup of coffee because I had a stomach ache.

4. I <u>make it a practice to</u> use polite words as much as possible when speaking Japanese.

5. Please have some <u>before</u> it gets cold.

6. <u>I wish I could speak</u> French well, like a native (French person).

7. <u>I can see</u> the library from this window.

  cf. Because I don't have a VCR, I <u>cannot watch</u> movies in my room.

8. <u>Not only</u> young people <u>but also</u> old people come here to swim.

9. Yamada's mother made dishes (<u>things</u>) <u>like</u> tempura and tonkatsu for me.

Lesson 1

1.ハイゼンベルグさんは何年も前から日本にいますか。

2.なぜ二人は話しはじめましたか。

3.青山さんはハイゼンベルグさんの日本語を聞いておどろいたでしょうか。それは、
　なぜですか。

4.ハイゼンベルグさんは　何が　にが手だと思いますか。

5.青山さんは毎日何をすることにしていますか。

6.青山さんはハイゼンベルグさんのように若いですか。どうして分かりますか。

7.青山さんは日本語について、どんなことを教えてあげましたか。

8.どんな人が、あなたの目上の人ですか。目下の人は。

9.ハイゼンベルグさんは二、三年日本にいられますか。なぜですか。

１０.どうして二人は降りるはずの駅で降りられませんでしたか。

● Writing Exercise ●

Write about an experience you or someone you know has had while traveling abroad.

2. 両親への手紙
A Letter to My Parents

● **Main Text** ●

　お父さん、お母さん、お元気ですか。先日の妹からの電話で、おじいさんがかぜをひいたと聞いて、少し心配していますが、もうよくなりましたか。もう年なのですから、一日中、畑に出て働いたりせずに、もっと体を大事にするように言ってください。

　僕の方は、よく食べて、よく寝て、とても元気です。もちろん、自分で作る食事や外 (そと) の食事は、お母さんの作ってくれる料理ほどおいしくありませんが。また朝早く起きられなかった日には、朝ご飯を食べずに、昼と夜にたくさん食べたりします。こんな食べ方は、体によくないそうですが、朝、食べないという人はずいぶん多いようです。

　東京の生活にもだいぶなれました。おじさんがさがしておいてくれた、この目白のアパートは、とても便利な所にあって気に入っています。大学まで電車で三十分もかかりません。こんなに東京の中心に近い所にあるのに、家賃 (やちん) が六万円というのは、ちょっと信じられないと大学の友達も言っています。

　ふろがないのは不便ですが、歩いて五分の所にふろ屋があって、中で泳げる<u>ほど</u>1 広いふろに入れるので、このごろはふろ屋の方がいいと思うようになりました。ふろ屋と言えば、そのふろ屋で、ときどきアメリカ人に会います。その人は今年の冬に来たばかりだそうです。たくさんの人がいっしょに入る日本のふろ屋はどうですか、と聞くと、知らない人達といっしょに入るのだから、始めは<u>やはり</u>2 はずかしかったけれど、もうなれましたと言っていました。

その人はシアトルという美しい町で生まれて、小学校に入る前にアイダ
ホという所にひっこしたそうです。そこも美しいけれど、いなかだから人
が少なくて、こちらに来た時は、人口の多さにおどろいたと言っていまし
た。日本の人口が一おく二千万人ぐらいで、そのうちの十パーセントぐら
いが東京にいるのだと教えてあげたら、ニューヨークよりも多いのですか
と言って、またおどろいていました。それから東京の物価が高くて困ると
言っていましたが、日本人の僕がおどろく<u>くらい</u>1ですから、外国人が高
いと思うのは<u>当たり前</u>3ですよね。

　この間、六本木へお酒を飲みに行って来ました。その時、僕達の入った
店は外国人のお客さんが多くて、外国へ行ったような気持ちになりまし
た。そのふろ屋で会ったアメリカ人に六本木のことを話すと、あんな所で
遊んでいるのは金持ちの外国人<u>ばかり</u>4で、私のように びんぼうな学生
は行けませんよ、と言って、わらっていました。ドルも前より安くなって
いるから、外国人の生活は大変だろうと思います。

　東京という町は本当に便利な所です。世界中の料理が食べられるし、外
国から有名な歌手やジャズやロックのグループが来て、毎日あちこちでコ
ンサートをやっています。つまり世界中のものを見たり、聞いたり、食べ
たりできるのです。でも、物が多すぎて、洋服とかステレオなどを<u>買お
うと思って</u>5デパートに行っても、何を買うか決める<u>のに</u>6困ってしま
うくらいです。

　そんなに物が多いのに、一方では、足りない物もあります。その一つは
自然でしょう。このへんにも小さな公園はいくつかありますが、木は少な
くて、森や林と言えるようなものはありません。まどから見えるのは「ビ
ルの林」ばかりです。昨日読んだ新聞に、東京の土地の四十パーセントが
<u>森や林だと書いてありました</u>7が、東京の中心に住んでいると、そんな
ことは信じられません。木が多いのは西の山の方だけなのでしょう。

　去年までは、このきせつにはいなかの川で毎日のように、つりをしてい
たのを覚えていますか。この近くには魚のいるような川はぜんぜんありま

せん。おじさんが今度、山へ連れて行ってくれると言っていますが、水の
きれいな川までは車で二時間くらいかかりそうです。おじさんの話しによ
ると、山の方の川も少しずつきたなくなってきているそうです。

　それでもこちらでは、いろいろなアルバイトをしたり、ふろ屋で外国人
に会ったり、いなかではできない事が経験できるので、東京の大学に<u>来</u>　　5
<u>てよかった</u>8と思っています。もうすぐつゆに入って、雨の日が続くで
しょうが、お体を大切にしてください。ではまた。

春男

　六月十四日

● Vocabulary and New Kanji ●

<u>page 13</u>

	両親 (りょうしん)	parents
	手紙 (てがみ)	letter
1	先日 (せんじつ)	the other day
	妹 (いもうと)	younger sister
2	かぜをひく	catch a cold
4	年 (とし)	age; old age （年をとる＝grow old）
	畑 <u>はたけ</u>	(farm) field
	〜せずに	without doing 〜 （＝〜しないで）
	体 <u>からだ</u>	body; health
5	大事 (だいじ) にする	take care of (oneself); treasure; treat with care （大事に使う＝use with care）
	（〜する）ように言 (い) う	tell someone to do 〜
9	体によくない	bad for one's health
11	活 <u>かつ</u>	（活動 かつどう＝activity）
	生活 (せいかつ)（する）	life
	だいぶ	a good deal; a lot; quite
	（Xに）なれる	get used to (X)
12	目白 (めじろ)	a place in Tokyo
	（Xが）気 (き) に入 (い) る	(X) appeals to someone
13	も〜ない	not even
	中心 (ちゅうしん)	the center
14	家賃 (やちん)	rent
16	ふろ	bath
	ふろ屋 (や)	public bath
17	泳 (およ) ぐ	swim
	（泳げる）ほど...	...to the extent that (I can swim)
18	（〜する）ようになる	reach the point where (one does 〜}
	〜と言 (い) えば	speaking of 〜
21	始 <u>はじ</u>め （は）	at first cf. 初 (はじ) めて ＝ for the first time 始める(v.t.) 始まる(v.i.)

	やはり	as one expected; after all; also
	はずかしい（恥かしい）	be embarrassed; be ashamed

page 14

1	シアトル	Seattle
	美 うつくしい	beautiful
	小学校（しょうがっこう）	elementary school
	アイダホ	Idaho
2	ひっこす	move (to a new residence)
		cf. うごく、うごかす
	いなか	the countryside
3	人口（じんこう）	population
	〜さ	〜-ness
	（Xに）おどろく	be surprised (at X)
4	おく（億）	a hundred million
6	物価（ぶっか）	prices of things (in general) (cf. ねだん = price)
8	当（あ）たり前（まえ）	it is natural that 〜; take ... for granted
10	店 みせ	shop　cf. 〜屋（や）e.g. 魚屋、肉屋
	客 きゃく	customer; guest
12	金持（かねも）ち	rich person
	びんぼう（な）	poor
13	わらう（笑う）	laugh
	ドル	dollar
15	便利（べんり）（な）	convenient
	世界 せかい	the world
16	有名 ゆうめい（な）	famous
	歌手 かしゅ	singer　cf. 歌（うた）= song、歌う = sing
	ジャズ	jazz
	ロック	rock
	グループ	group
	あちこち	here and there
17	つまり	that is to say; namely
	〜したり〜したりする	do things like 〜 and 〜
18	洋服（ようふく）	clothes

Lesson 2

	ステレオ	stereo
	買 (か) おうと思 (おも) う	I think I will buy
19	～するのに困 (こま) る	have difficulty (trouble) in doing ～
21	一方 (いっぽう) で (は)	on the one hand
	足 (た) りない	be short or lacking; be not enough
	自然 しぜん	nature
	公園 (こうえん)	park
23	森 もり	forest
	林 はやし	woods; grove
	まど (窓)	window
24	土地 (とち)	land; place cf. 土 (つち) = soil
25	住 すむ	live; reside
27	去年 (きょねん)	last year
	きせつ (季節)	season
	毎日 (まいにち) のように	almost everyday
	つり	fishing
28	この近 (ちか) く	near here (近く = vicinity)

page 15

1	連 (つ) れて行 (い) く	take someone (to ～)
2	～そう	V stem + そうです look as if it (one) will V
	(おじさんの話し) によると	according to (my uncle)
		cf. ～によって＝depending on ～
3	～そう	V + そうです it is said that
4	それでも	still; nevertheless; even so
	アルバイト	part-time job
5	経験 けいけんする	experience
	来 (き) てよかった	I'm glad that I came
6	つゆ	rainy season
	続 (つづ) く	continue (v. i.) v. t. = 続ける

● Grammar Notes ●

(1)泳げる<u>ほど</u> (to the extent that one can swim)

僕がおどろく<u>くらい</u> (to the extent that even I am surprised)

When ほど and くらい（ぐらい）are used to mean extent, they are often used interchangeably. However, ほど is more often followed by a negative statement.

1 クラークさんぐらい上手に 日本語が 話せるようになりたいですよ。(I hope I will be able to speak Japanese as fluently as Ms. Clark.)

2 クラークさんほど 日本語が うまく話せる人は 居ませんよ。／少ないです。(There are not any /there are few who speak Japanese as fluently as Ms.Clark.)

(2)<u>やはり／やっぱり</u>（just as one expected / after all / after some thinking one comes to the conclusion that.....)

1 青山さんは やっぱり来なかった。(Just as I thought, Ms. Aoyama didn't come.)

2 寒かったから かぜをひくだろうと思っていたら やっぱりかぜをひいてしまった。(I was chilly so I thought I was going to catch a cold. I did, just as I had feared.)

3 行こうかどうか考えましたが、やはり行かないことにしました。(I wondered if I should go, and I decided not to go after all.)

(3)<u>当たり前</u>だ (it is only natural / it is only expected)

V / adj のは or V / Adj て(も)当り前だ

1 安いのは／安くて（も）当たり前です。(There is nothing unusual about its being cheap.)

2 そんなにたくさん食べたら 病気になるのは／なって（も）当たり前です。(It is only natural that you get sick if you eat that much.)

3 その本はむずかしいから春子に分からないのは／分からなくて（も）当り前です。
(Since that book is difficult, it is only to be expected that Haruko not understand it.)

(4)<u>外国人ばかり</u> (no one but foreigners)

N / adj / V＋ばかり (only / nothing else but)

(When V＋ばかり takes an object, ばかり can be placed immediately after the object or after V-て such as the example 1.)

1 あの人はもんくばかり言っている。／　あの人はもんくを言ってばかりいる。
(He does nothing but complain.)

2 パリに行ったが, 日曜日に町を歩いているのは 日本人ばかりで 日本に居るような気がした。(I went to Paris, but I felt like I was in Japan because the only people walking in the town on Sunday were all Japanese.)

3 あのレストランは（りっぱなレストランとしては）食べ物は高いばかりで まずいし サービスも悪い。(The only way in which that restaurant succeeds (in being a fine restaurant) is in its expensive prices. Otherwise the food tastes bad and the service is no good.)

19 **Lesson 2**

4 このへんの家のねだんは 上がっていくばかりです。(Prices of houses around here are only going up.)

5 遊んでばかりいるから, しけんの時に困るんですよ。(You have trouble at exam time because you do nothing but fool around.)

(5) 買おうと思う (I think I will buy / He thinks he will buy / I want to buy.)

V-よう／V-おうと思う (I think I will V)

Note: The person who thinks and the person who will buy are one and the same.

cf. 買うだろうと思う (I think he will buy / I think I probably will buy.)

買うまいと思う (I think I will not buy)--Lesson 7, Note 6

1 どんな人と結婚（けっこん）しようと思っていますか。(What kind of person do you have in mind to get married to?)

2 早く寝ようと思っても 読みたい本がたくさんあって なかなか早く寝られない。
(Although I want to go to bed early, I have a lot of books I want to read, so I can't easily do so.)

(6) 決めるのに困る (have a difficult time in deciding)

Nに困る＝have trouble with N

山田さんはしけんに困っている. (Yamada is having trouble with exams.)

Vのに (for V / in V-ing / in order to V)

This の turns a verb into a noun.

1 ここから駅まで行くのに十分かかる。(It takes 10 minutes to go to the station.)

2 これを食べるのにはスプーンがいる。(You need a spoon to eat this.)

3 ここは子供（こども）を育（そだ）てるのにはいい所です。(This is a good place to raise children.)

4 遠いものを見るのにめがねがいる。(I need a pair of glasses in order to see distant objects.)

(7) 書いてある (it is written)

V-てある (V has been done, the result of V-ing)

1 冬のくつ下はむこうの引き出しにしまってあります。(The winter socks have been put away in the drawer on the other side.)

2 よし子さんのことはもう青山さんに話してあります。(I have already told Mr. Aoyama about Yoshiko.)

(8) 来てよかった (I am glad that I / you / someone / came)

V-て／N-で／adjて＋よかった (I am glad that V-た／was N／was adj)

1 天気で よかった。(I am glad it is / was a fine day.)

2 いらっしゃらなくて よかったですよ。(It is a good thing / I am glad that you didn't come.)

3 勉強しておいて よかったです。(I am / was glad that I have / had studied.)

4 やさしくて よかった。(I am glad that it was easy.)

cf. 来ればよかった。(Lesson 1, Note 6)

● Grammar and Usage Exercises ●

1. ～ほど（くらい）

例：おなかがいたくて、ご飯が食べられない。

　　➡ ご飯が食べられない<u>くらい（ほど）</u>おなかがいたい。

＊今日はとても寒くて、外に出られない。

＊あの映画はとてもつまらなかったので、見ている間に寝てしまった。

＊私の作る料理はまずいので、いぬも食べない。

2. やはり／やっぱり

例：あの人の日本語は上手だと思っていたが ➡ <u>やはり</u>日本で生まれたのだそうです。

＊青山さんは仕事がつまらないと言っていたが、

＊お昼の一時なのに、空が暗くなってきたと思っていたが、

＊中川さんはゆうべ気持ちが悪そうな顔をしていたが、

3. ～のは／～て当たり前だ

例：一時間も走れば、つかれる。

　　➡ 一時間も走れば、つかれる<u>のは／つかれて当たり前だ</u>。

＊勉強しなければ分からない。

＊夜おそく寝たら、朝早く起きられない。

4. ばかりだ／ばかりする／ばかりしている

例：このへんには山や森しかない。

　　➡ このへんは山や森<u>ばかりだ</u>。／このへんには山や森<u>ばかりある</u>。

＊この道には中国料理の店しかない。

＊この雑誌にはつまらないことしか書いてない。

＊あの人はいつも働いています。

＊その部屋は広いことだけがいいことだ。きたなくてくらい。

5. V-よう／V-おう　と思う

　　例：日本へ行ったら、何をしますか。➡ 日本人の友達をたくさん作ろうと思います。

＊明日は何をしますか。

＊ご両親のたんじょう日には何をあげますか。

＊大学をそつぎょうしたら、何をしますか。

6. Vのに（困る、かかる、いい、悪い、便利だetc.）

　　例：仏教について説明する／困った ➡ 仏教について説明するのに困った。

＊(見たいテレビがたくさんある）どれを見るか決める／困る

＊会社へ行く／一時間かかる

＊どんなところが住むのに便利なところですか。

＊どんな物が、すきな人に上げるのにいいおくりものですか。（バラの花　etc .)

7. V-て　ある

　　例：母が早く起きて、お弁当を作りました。➡ お弁当は作ってあります。

＊今週の宿題（しゅくだい＝homework）は昨日してしまった。

＊田中君が先に来て、ドアのかぎをあけておいてくれた。

8. ～て／で　よかった

　　例：この町にひっこして来て、いろいろいい経験が出来た。

　　　➡ この町にひっこして来て、よかった。

＊あの部屋は静かだったから、よく寝られた。

＊先日、このじしょを買った。とても使いやすいので、気に入っている。

＊僕はそのパーティーに行かなかったが、つまらなかったそうです。

● Translation Exercises ●
■ Japanese → English ■

1. その食事は一人では食べられない<u>ほど</u>（くらい）多かった。

  cf. 大阪 _(おおさか) は東京ほど人口が多くない。

2. コンピューターは便利だが、<u>やはり</u>人でなければ出来ないこともまだたくさんある。

3. クラスに来るだけで、家で勉強しなければ、分からなくなるのは<u>当たり前です</u>。

4. この店で売っているのは、イタリア製（_{せい}＝~made）の高い洋服<u>ばかりです</u>。

  その人は会社でお茶を<u>飲んでばかりいる</u>。／働かずに<u>遊んでばかりいる</u>。

  あの映画はこわい<u>ばかりで</u>、おもしろくない。

5. 来年、日本に行くか、こちらで働くか、十二月までに<u>決めようと思う</u>。

6. 私はびんぼうで、安いものしか買えないから、どれを買うか<u>決めるのに困った</u>こと

  はない。

  この家は海の近くにたっているので、夏に<u>住むのにはいい</u>が、冬は風が強くて寒

  すぎる。

7. この部屋は、かぎが<u>かけてあった</u>のに、カメラがぬすまれ(＝とられ)てしまった。

8. あの飛行機（ひこうき）に<u>のらなくて、よかった</u>。

  （あなたの）病気が<u>なおって、よかった</u>ですね！

■ English → Japanese ■

1. At a school like Waseda or Keio, there are <u>so many</u> interesting courses <u>that</u> one cannot decide what to study.

  cf. We <u>don't</u> eat <u>as</u> much meat <u>as</u> Americans do.

2. I was afraid that it was going to rain, so I took an umbrella with me when I left home. In the afternoon it started to rain hard, <u>just as I had thought it would</u>.

3. <u>It is natural that</u> you don't understand it because you have not studied it yet.

4. <u>There were nothing but</u> rainy days last week, with not even one clear day.

People in that country <u>do nothing but</u> work.

The <u>only</u> good aspect of that room is that it is quiet. Other than that, it is small and dirty.

5. <u>I am thinking of going</u> to see a movie with Hanako. Please tell me what kind of movie she

   likes.

6. It took a very long time <u>to find</u> your house.

   Canada is <u>a good place to live</u> in the summer, but it's too cold in the winter.

   I don't need a car <u>to go to school</u> because my house is very close to school.

7. What's [What <u>has been written</u>] on the blackboard (=黒板こくばん)?

8.   <u>I am really glad</u> I bought this car.

   <u>I'm glad</u> you didn't come.

   <u>I'm glad</u> the exam was easy.

● Questions ●

1. 春男（この手紙を書いている人）のおじいさんは、どんな人か説明しなさい。

2. 春男はどんな食事のしかたが体によくないと思っていますか。

3. この人は今のアパートが気に入っていますか。

4. ふろ屋というのはどんな所ですか。

5. 春男がふろ屋で会ったアメリカ人は、東京についてどんなことを言いましたか。

6. 春男は六本木へ酒を飲みに行った時、その店でどう思いましたか。

7. 東京ではどんなことが便利ですか。

8. 昨日の新聞には、どんなことが書いてありましたか。

9. 春男は東京の大学に来なければよかったと思っていますか。

10. あなたのよく知っている大きな町を、東京とくらべて説明しなさい。

● Writing Exercise ●

Write a letter to your parents.

3. つりに行こう
A Fishing Excursion

● **Main Text** ●

＜私は、東京には自然がないと、いつももんくばかり言っているので、東京で生まれたおじが、きれいな川や森のある山の方へ私を連れて行ってくれる**ことになった**₁。おじは自分の車で私のアパートまでむかえに来てくれた＞

山本（＝おじさん）：お早う。もう起きているかな。   5

春男（＝私）：お早うございます。早いですねえ、僕は十五分くらい前に起きて、はをみがいていたところです。

山：ずいぶんゆっくりだな。おじさんは家で弁当を作ってから出て来たんだよ。

春：でも、まだ暗いですよ。こんなに早く出なくてもいいと思いますが。   10

山：いや、暑くならないうちに川に着きたいんだ。

春：これがおじさんの車ですか。こんなに古いのに乗るのははずかしいなあ。コロンボの車**みたい**₂ですねえ。

山：コロンボっていうのは、何だい？

春：え？知らないんですか。アメリカのテレビに出て来るけいじで、日本 15　でも有名ですよ。その人の車が古くて、こしょうばかりしているんですよ。

山：その人は、えらいけいじさんなんだろうねえ。そんなふうに古い物を大事に使っているんだから。

春：けいじとしては、えらいかもしれないけど、お金がないから新しい車 20　が**買えないだけです**₃よ。

山：いや、アメリカ人は物を大切にする、と先日読んだ新聞に書いてあっ

25   **Lesson 3**

た。このごろの日本人は、車でもテレビでも何年か使うとすぐ新しい物に買いかえる。国の**けいざいのためには**4 いいだろうが、まだ使える物をすてるのは間違いだと思うよ。

春：今は「使いすて」の時代ですからねえ、ライターでもカメラでも。

<車の中で>
春：朝早く家を出ると車が少なくて気持ちがいいですね。
山：そうだろう。やっぱり、早く出てよかっただろう？東京の西の方にある秋川という所に行くことにしたけど、道がこんでいないから七時ごろまでには着けるだろう。川に着くまでに、つった魚をだれにあげるか、考えておきなさい。
春：人にあげるほどたくさんつれるのかなあ。

<秋川に着いて、つりを始めたが...>
春：もうお昼になりましたね。僕が一匹、おじさんはゼロ。今日はだめなようですね。つりはもうやめて、お弁当を食べましょう。
山：いや、そんなまずい弁当はやめよう。魚が**つれない上に**5、私のまずい弁当など食べたくない。私が料理が下手なことは知っているだろう。
春：ええ、上手だとは、けっして言えませんね。
山：春男もずいぶんはっきり言うなあ。...下の方に小さなホテルがあっただろう。ここへ来た時はいつも、あそこに**お世話になっている**6んだ。あそこへ行ってうまいものを食べよう。私の作った弁当は、春男が持って帰って、今晩食べなさい。
春：いりませんよ！

<下のホテルで>
山：ごめん下さい。今日は。村田さーん！
村田（ホテルの主人）：いらっしゃい。いやあ、山本さん、よくいらっしゃいました。
山：ちょっと昼ご飯をごちそうに**なろうかと思って**7。
村：さあ、どうぞ。そちらは、むすこさんでいらっしゃいますか。
山：いや、おいの春男です。春男、何をいただこうか。

＜ご飯を食べ終わって＞

山、春：どうも、ごちそうさまでした。

村：いえ、いえ。お茶でもめしあがって下さい。山本さん、今日は一匹も
　　つれなくて残ねんでしたね。

山：おいにつりを教えてあげようと思って来たのですが、おはずかしい。　　5

春：村田さんは十年ほど前に会社をおやめになって、ここでホテルを始め
　　られたそうですね。

村：ええ、自然が好きで、こんな不便な山の中に来てしまいました。

春：十年前と比べて、このへんも変わりましたか。

村：そうですね、私が来たころは、道が悪くて、来る人も少なかったんで 10
　　すが、このごろは夏になると人がたくさん来て、ゴミをそのへんにすて
　　て行く人もいるので、山や川がきたなくなります。人が多いのは、しょ
　　うばいのためには、いいのですが、こんなホテルを始めなければよかっ
　　たと思う時もありますよ。

春：ここへ来る時、トラックをたくさん見ましたが、何をしているんです 15
　　か。

村：ここから五キロくらい下の方で、ダムを作っているのです。それが
　　出来ると、村が二つほど、水の中にしずんでしまいます。その村の人
　　達は今でも反対しています。

春：村田さんはそのダムを作ることに賛成ですか。　　　　　　　　　　　20

村：むずかしい問題です。もちろん東京の人々の飲む水が足りなくなった
　　ら、困りますが、でもずっと前からそこに住んでいる人達の気持ちもよ
　　く分かります。それからダムを作ると自然のバランスが大きく変わって
　　しまうらしいので、心配しているのです。

山：自然のバランスと言えば、ゴルフ場でくさを<u>取るために</u>4使うくす 25
　　りが問題になっていますね。

春：おじさん、それはどんな問題ですか。

山：土も本当は生きているんだが、土の中にいるむしなどを殺してしまう
　　ので、土の持っている力が弱くなってしまうんだよ。

村：ゴルフ場はなくても、畑でもくさを取ったり、野 (や) さいに付く　　30
　　むしを殺すために、強いくすりを使うから、日本中どこでも同じ問題が

出て来ていますよ。

山：くすりの問題のほかにも、たくさんの木を切らなければゴルフ場は出来ないのだから、それだけで自然のバランスがおかしくなる、と言われているよ。アメリカなどと違って、せまい土地にいろいろな物をたくさん作るからね。

春：前は、大きな工場の公害だけが問題になっていたけど、今は別の形の公害もあるんですねえ。

5

● Vocabulary and New Kanji ●

page 25

1	もんくを言 (い) う	complain
3	むかえに行く [来る]	go to pick up someone
7	はをみがく	brush one's teeth
	〜していたところだ	was just doing 〜
8	弁当 (べんとう)	box lunch
10	暗 くらい	dark cf. 明 (あか) るい = bright
11	いや	＝いいえ [men's speech, colloquial]
13	コロンボ	Columbo (American TV program)
14	〜だい	＝〜です [colloquial, men's speech]
15	けいじ	(police) detective
16	こしょう（する）	breakdown
18	えらい（偉い）	great; distinguished; (of rank) high
20	として	as
21	〜するだけ	it is just that 〜
22	物を大切 (たいせつ) にする	use with care; not waste things

page 26

1	何年か	several years （e.g. 何日か、何人か）
2	買 (か) いかえる	buy and change to (a new one); replace
	けいざい（経済）	economy
3	違 ちがい	difference
	間違 (まちが) い（だ）	mistake (it is wrong to 〜)
4	使 (つか) いすて	disposable （すてる＝ throw away）
	代 だい	generation
	時代 (じだい)	period; era; age
7	やっぱり	＝やはり
8	こんでいる	be crowded
9	つる	catch (fish)
13	匹 ひき	a counter for animals
		（いっぴき、にひき、さんびき…）
	ゼロ	zero
16	…など	the likes of …

Lesson 3

18	けっして（決して）	never
26	いやあ！	Oh!
28	ごちそうになる	[humble] eat; be invited for a meal
29	むすこ	son
30	おい	nephew

page 27

3	お茶 (ちゃ)	tea
	(...)でも	… or something
		お茶でも ＝ tea or something
	めしあがる（召し上がる）	[honorific] eat; drink
4	残 ざん	cf. 残 (のこ) る＝ remain　Lesson 1
	残ねん（な）（残念）	I'm sorry to hear; That's too bad; regrettable
6	十年ほど	about 10 years （ほど＝くらい）
	始める	start, begin
		始められる[honorific] ＝ お始めになる
8	好 すき（な）	pleasing; one likes (something)
9	比 くらべる	compare
	変 かわる	change　cf. X を変 (か) える＝ change X
		変 (へん)　Lesson 1
11	ゴミ	garbage; trash [often written in katakana]
12	しょうばい（商売）	business
15	トラック	truck
17	キロ	kilometer
	ダム	dam
18	出来 (でき) る	be built (made)
	村 むら	village
	しずむ	sink; be submerged
19	反対 はんたいする	oppose; be against
20	賛成 さんせいする	agree; approve; support
21	問題 (もんだい)	problem; question
22	ずっと	much; by far; a lot （ずっと前＝ long time ago）
23	バランス	balance

	くさ（草）	weeds
	取 とる	take （くさを取る＝weed）
	くすり（薬）	medicine; drug; [here: agricultural chemicals]
26	問題になる	become a problem or matter of controversy
28	土 つち	soil cf. 土地 (とち) ＝ land
	むし（虫）	bug; worm
	殺 ころす	kill
29	力 ちから	power
	弱 (よわ) い	weak
30	野 やさい（野菜）	vegetable
	付 (つ) く	be attached; [here, be infested with]
31	強 (つよ) い	strong
	どこでも	everywhere

page 28

2	切 (き) る	cut
3	おかしい	funny, odd, strange
		バランスがおかしくなる　＝ upset the balance
4	〜とは違 (ちが) って	unlike 〜
	せまい（狭い）	narrow; small
6	工場 (こうじょう)	factory
	公害 (こうがい)	pollution
	形 かたち	shape; form

Lesson 3

● Grammar Notes ●

(1)連れて行ってくれる<u>ことになった</u>。 (It came about that he was to [he would] take me along.)

1 来月から ニューヨークで 働くことになりました。 (I am to work in New York starting next month.)

2 この車は 今のうちに なおしておかないと 大変なことになる。 (If you don't repair this car now, you will face a great deal of trouble later.)

cf. 行くことにした。 (I / you / he / decided to go)

1 雨が降り始めたから 行かないことにしました。 (It started to rain so I decided not to go.)

2 電車で行くことにしたら駅まで連れて行って上げますよ。 (If you decide to go by train, I will take you to the station.)

(2)コロンボの車<u>みたいだ</u> (It looks like Columbo's car.)

V / adj / N みたいだ (looks like V / adj / N)

みたい is more informal than のよう or よう. It can substitute for either.

1 晴れるみたいだから かさを持って行かなくてもいいだろう。 (It looks like it is going to clear up, so we don't have to take an umbrella with us.)

2 太郎ちゃんが持っているみたいなカメラがほしい! (I want to have a camera like the one Taro has!)

3 この魚はちょっと古いみたいですよ。 (This fish looks a little old.)

4 山田さんみたいに つりの上手な人と つりに行ってみたい。 (I want to try going fishing with someone who is a skilled fisherman like Mr. Yamada.)

(3)新しい車が<u>買えないだけです</u>。 (It is just that he can't buy a new car.)

これだけです。 (It is only this. This is all there is.)

V (orV+ない)だけだ。 (It is just that V)

1 行きたいけれど 時間がないだけです。 (I want to go, but it is just that I don't have time.)

2 食べちゃいけません。見るだけです。 (You can't eat it. It is only to look at.)

3 暗くなるのを待つだけだった。 (The only thing (we could do) was to wait for it to get dark.)

(4)<u>けいざいのために(は)</u> (for the sake of the economy / for the benefit of the economy)

Nの／Vために （は） (for N /V) When a verb precedes ために （は） it is often exchange-able with のに or に (for, in order to, to)

1 子供のためだけに 働いているみたいです。 (It feels like I'm working only for the sake of my children.)

2 田村先生は私のためにその本を図書館 （としょかん） から借りて来て下さいました。 (Prof. Tamura went to the library and borrowed that book for my sake.)

3 アメリカへ行くためにはビザはいりませんか。 (Don't you need a visa to go to America?)

4 山田さんに会うためには(会うのには) どうしたらいいでしょうか。 (What should I do to

32

meet Mr. Yamada?)

5 気持のいい生活をするために（するのには）もっとお金がいります。(I need more money in order to have a pleasant life.)

6 父のしごとを手伝うために（手伝いに）いなかへ帰った。(He returned to the country in order to help with his father's work.)

NOTE: ためorためにwithout は to follow, it often means "because of / because / on account of"

1 雨のためピクニックはだめになった。(Because of the rain, the picnic was cancelled.)

2 その本は高いためだれも買えない。(No one can afford that book.)

3 ここの気こうになれないためによく病気になる。(I get sick often on account of the fact that I haven't gotten used to the climate here.)

4 てい電のためにテレビが見られなかった。(We couldn't watch television because of the power outage.)

(5)魚がつれない<u>上に</u>(in addition to not being able to catch fish)

X （の）上に(on top of : in addition to)

1 頭がいい上に 金持ちで ハンサムです。(In addition to being bright, he is rich and handsome.)

2 あの人の手紙の字は 下手な上に まちがっている字が多い。(On top of his writing of Chinese characters in his letter being poor, / In addition to the poor quality of the handwriting in his letter, there are many wrong characters.)

(6)あそこに<u>お世話になる</u> (be in the care of that place)

1 学生の時 山田先生に いろいろ お世話になりました。(Professor Yamada looked after me well when I was a student.)

2 山田先生のお世話で あの会社に入りました。(I got into that company through Professor Yamada's good offices.)

cf. 世話をする(look after)

子供がいぬの世話をするはずでしたが, やはり私が 世話をすることになってしまいました。(My child was supposed to take care of the dog, but I have ended up doing it, just as I feared.)

(7)ごちそうに<u>なろうかと思う</u> (I wonder if I could be treated to a meal.)

かと思う(か which precedes 思う makes the feeling or thinking more uncertain)

1 パーティーに行こうかと思いましたが, やっぱり 行かない事にしました。
(I considered going to the party, but I decided not to after all.)

2 山田さんに そのことを言おうかと思いましたが, 言いませんでした。言わなくてよかった。(I wondered if I should tell Mr. Yamada about it, but I didn't. I am glad that I didn't.)

3 山田さんに 私の家へ来てもらおうかと思いましたが、やっぱり私が山田さんの家へ行くことにしました。(I was wondering if I should have Ms. Yamada over to my house, but I decided after all that I would go to her house.)

cf.しようと思う＝(I think I will do.) Lesson 2, Note 5

● Grammar and Usage Exercises ●

1. Vことになった

例：来年から大阪の会社に勤めます。➡ 来年から大阪の会社に<u>勤めることになった</u>。

＊兄は九月にけっこんします。

＊この会社は今年から中国の工場で洋服を作ります。

＊新聞によると、ガソリンのねだんが来月から上がるそうです。

2. ～みたいだ

例：この形は何に見えますか。➡ それは、<u>花みたいです</u>。

＊今日は雨が降りそうですか。

＊日本にモスクワみたいに寒くなる所がありますか。

＊ご両親はお元気ですか。

＊日本にフロリダみたいな気こうの所がありますか。

3. Vだけです

例：ロシア語を半年勉強しました。➡ ロシア語は半年<u>勉強しただけです</u>。

＊ （病気ですか？）ちょっと、かぜをひきました。

＊ （何年もフランスにいたのですか？）いいえ、一年いました。

＊ （あなたは、せいじについてよく知っていますね！）いいえ、毎日、新聞や雑誌で読みます。

4. Nの／Vために

例A：<u>あなたのために</u>、どんな人が働いていますか。

➡ 大学の食堂の人などが、私のために働いて（くれて）います。

＊体のためには、どんなことをした（しない）方がいいですか。

＊どんな人が病気の人のために働いていますか。

＊何のために、あなたはアルバイトをしますか。

　例Ｂ：どうして新橋 (しんばし) へ行きましたか。➡ 友達に<u>会うために</u>行きました。

＊外国語の本を<u>読むためには</u>、どんなものがいりますか。

＊あなたは何のために大学に入りましたか。

＊外国へ<u>旅行するためには</u>何がいりますか。

5．～（その）上（に）

　例：昨日は寒かったし、風も強かった。

　　➡ 昨日は<u>寒い</u>（寒かった）<u>上に</u>、風が強かった。

＊あの店の野さいは古いし、ねだんが高い。

＊この仕事は長い間してもつかれないし、お金をたくさんもらえる。

6．(人に) 世話になる

　例：冬休みには姉の友達の家にとまって、その人にスキーに連れていってもらった。

　　➡ 冬休みには姉の友達に<u>世話になった</u>。

＊高校時代には水木先生に勉強ばかりではなく、いろいろなことを教えていただいた。

＊大学四年生の時、仕事や会社のことについて、おじに教えてもらった。

7．V-よう／V-おう　か　と思う

　例：来年は、もっとおもしろいことを勉強する。

　　➡ 来年は、もっとおもしろいことを<u>勉強しようかと思っている</u>。

＊今週ボストンへ行く。

＊ステレオを買いかえる。

＊子供を学校へむかえに行く。(=go to pick up a person)

● Translation Exercises ●
■ Japanese → English ■

1. 私の会社ではコンピューターを買いかえる<u>ことになった</u>が、日本製よりアメリカ製の方がいいだろうか。

2. 二階の人は出かけている<u>みたい</u>（＝よう）だね、毎晩やかましいのに今日は静かだから。／ 山田さんは若いのに八十のお年寄り<u>みたいな</u>(＝のような)歩き方をする。／そのニュースを聞いて 子供<u>みたいに</u> (＝のように)喜んだ。

3. 知らないのではありません。思い出せない<u>だけです</u>。

4. a. <u>体のためには</u>、車にばかり乗らないで、なるべく歩いた方がいい。

　 b. 私は<u>売るためにではなく</u>、自分で<u>食べるために</u>、畑で野さいを作っている。

5. 土田君の書く字は<u>小さい上に</u>きたないので、とても読みにくい。

6. 私が病気の間は、家ぞくばかりでなく、病院の人達にも大変<u>お世話になった</u>。

7. 新しい車を<u>買おうかと思いました</u>が、お金がないので、故障(こしょう＝out of order)をなおして、この車をもう一年使うことにした。

■ English → Japanese ■

1. <u>It was decided that</u> I will go to England this December. Would you please tell me which airline's [＝こうくう会社] tickets are the cheapest?

2. It <u>seems</u> that there are no fish in this river. / His way of thinking is <u>like</u> an elementary school student's. / He was delighted, and ran around <u>like</u> a dog on the snow.

3. I can't speak German well. I studied German for <u>just</u> two months, <u>that's all</u>.

4. a. In Japan many people work <u>for the sake of</u> the company in which they are employed, but I want to work <u>for my own sake</u>.

　 b. My friend always says that he lives <u>in order to</u> play.

5. <u>On top of</u> being cool, this summer has been rainy.

6. My aunt <u>looked after</u> me when I went to college in Hokkaido.

7. Because my job is boring, <u>I'm wondering if I should</u> quit the company.

● Questions ●

1. 春男は東京について、どんなふうに思っていますか。東京はなぜそうなってしまいましたか。

2. 春男はどうしておじさんの車にあまり乗りたくないのですか。

3. 私達はどんな物を「使いすて」にしていますか。それはいいことだと思いますか。

4. 昼ご飯の時、なぜホテルへ行って食べることにしましたか。

5. 村田さんは山の中に住んでいますが、そのへんは十年前と比べて、どう変わりましたか。

6. なぜ村田さんはホテルを始めなければよかったと思う時があるのでしょう。

7. 村田さんはその川にダムを作ることに反対していますか。どんなことを心配していますか。

8. なぜゴルフ場を作ると自然のバランスがこわれて(こわれる=be destroyed / broken)しまいますか。

9. 日本やアメリカには、どんな公害がありますか。

10. 川の水がきたなくなってもかまいませんか。なぜですか。

● Writing Exercise ●

a. In what ways do we human beings destroy （＝こわす） nature?

b. Write about a time when you went to the sea or to the mountains.

4. 浦島 太郎
Urashima Tāro

● **Main Text** ●

　むかし、ある所に浦島太郎という若者が住んでいた。天気がよくても悪くても、毎日、海に出て魚を取る、まじめで心のやさしい若者だった。ある日、一日の仕事が終わって、浜を歩いていると、村の子供 (こども) 達が大きな声で、さわいでいるのに気がついた。何をしているのだろうと思って<u>**行ってみる**</u>₁と、子供達は一匹 (いっぴき) のカメをいじめて遊んでいるのだった。

　「おい、みんな、ツルは千年、カメは万年も生きると言われている動物だ。いじめるのはやめなさい」
浦島がそう言っても子供達はやめないので、「それじゃあ、このお金を上げるから、おじさんにそのカメをくれないか」
　こう言って、子供達からそのカメを買うと、海にもどして、命を助けてやった。

　次の日、浦島が浜でつりをしていると、海のむこうから小さな船が近づいて<u>**来るのが見えた**</u>₂。その船には若くて美しい女の人がきれいな着物を着て一人で乗っているのであった。浦島は変だと思って聞いてみた。
「お一人でそんな小さな船に乗って、どちらへ行かれるのですか」
「実は船で遠くまで行く途中で、あらしにあって、船がしずんでしまったのです。私だけは運よくこの小さな船に乗れましたが、ほかの人達は、みな死んでしまったらしいのです」
女はそう言って、泣き始めた。
「あなたにお会いしたのも何かの「えん」でございましょう。お願いですから、この船で私をふるさとまでお送りいただけませんか」

38

かわいそうに思った浦島は、その女をふるさとまで送ってあげることにした。

　女のふるさとまでは十日ほどかかった。浦島はそこに着いておどろいた。家々（いえいえ）の屋根は金で、かべは銀で作られていた。そこにある物は全部、**ゆめではないかと思う**₃ほど美しかった。

　その女は、浦島が生まれて初めて食べるようなおいしい料理とお酒を女中（じょちゅう）達に持って来させた。またその村の美しい女達におどりをおどらせて、浦島に見せた。

　「家族はみんな海にしずんで、私は一人になってしまいました。これから、どうしたらいいか分かりません。...お願いですから、ここに残って私と二人でくらして下さいませんか」

　このように頼まれて、やさしく美しいこの女を一人おいて帰ることも出来ず、浦島はここに残ることに決めた。

　二人がいっしょにくらした部屋も、またすばらしかった。東の戸をあければ、春のさくらが**ながめられ**₄、南の戸をあければ、夏の海に涼しそうに鳥がとんでいた。そして西の戸のむこうには、遠い山の秋のもみじが見えて、北の戸の外では雪が静かに降っていた。

　このように浦島は時のたつのを忘れるほどしあわせな日々を過ごした。しかし三年ほどたったある日、急に村に残してきた両親のことを思い出した。浦島はもともと親を大切にする孝行なむすこだったが、ここの生活が楽しすぎて、忘れてしまっていたの**である**₅。

　「すぐ帰るつもりで家を出たが、三年の間一度も家へ帰らなかった。両親が心配しているはずだから、ちょっと帰って、ようすを見て来ようと思う」そう言うと、その女は「今、お帰りになったら、今度はいつお会いできるでしょう」と言って、泣き始めた。

　「本当のことを申し上げましょう。ここは「りゅうぐう」と申す所で、私は、三年前にあなたに命を助けていただいたカメでございます。あなたのおかげで、私は今もこうして生きていられるのです。このご恩は一生忘れられません。恩がえしをしようと思って、あなたとけっこんしたのでございます。今、ここをお出になったら、もうお会いできないかもしれませ

ん。このはこを私の思い出として持って行って下さい。でも、けっして、
ふたをおあけになってはいけません」

　浦島はここでの三年間のしあわせを思いながら、また船に乗って自分の
ふるさとへ帰って行った。
　ところがふるさとの浜に着いて、自分の家をさがしたが、<u>どうしても</u>　　5
<u>見つからなかった</u>6。おかしいと思って村の人に聞いてみた。
「このへんに浦島という年寄りが住んでいるはずですが、ごぞんじありま
せんか」
「あなたはどなたですか。浦島という人なら七百年も前にこのへんに住ん
でいた人で、そのむすこが海につりに<u>出たまま</u>7、帰って来なかったと　　10
いう話しを聞いたことがありますが...」

　自分が三年だと思っている間に、七百年もの時が流れていたと知って、
浦島は悲しくなって、泣き始めた。もう両親もいないし、家もない。今、
浦島の持っているのは、あの女にもらったはこだけだ。<u>あけないように</u>
<u>言われていた</u>8のに、浦島は悲しくて、ついそのふたをあけてしまっ　　15
た。すると、中から白い煙が出て来て、その時まで若かった浦島はあっと
いう間におじいさんになってしまった。そのはこには七百年も生きた浦島
の年がしまってあったのだ。
　その後で浦島の体はツルになって高い空へのぼって行った。これもま
た、あのカメの恩がえしだったのかもしれない。　　20

page 38

	浦 うら	
	島 しま	island
1	むかし（昔）	a long time ago; in ancient times
	ある所 (ところ) に	in a certain place
	若者 (わかもの)	young people; youth
2	まじめ（な）	earnest; serious
	心 こころ	heart
	やさしい	kind-hearted; gentle
3	終 (お) わる	finish (v. i.)　v.t.＝ 終える
	供 とも ども	attendant, retainer
	子供 (こども)	child
4	声 こえ	voice
	さわぐ	make a lot of noise; make a racket
	（Xに）気がつく	notice; become aware of (X)
5	カメ	turtle (names of animals are often written in katakana)
	いじめる	torment; mistreat; bully
7	おい！	hey!
	ツル	crane
	動　どう	cf. X が動 (うご) く　= X moves 　　　X を動 (うご) かす = move X
	動物 (どうぶつ)	animal
11	もどす（戻す）	return (v.t.)　v.i. = もどる
	命 いのち	life
	助 たすける	rescue; save (someone's) life; help
	～してやる	[to inferiors] ＝～してあげる
13	船 ふね	ship; boat
	近 (ちか) づく	approach; come (draw) near
17	途 と	（～へ行く）途中 (とちゅう) で = on the way (to ~)
	あらし（にあう）	(be caught in / meet up with) a storm

18	運 <u>うん</u>	luck （運がいい＝lucky／運が悪い＝unlucky）
	運よく	luckily, fortunately
19	死 <u>しぬ</u>	die cf. なくなる ＝ pass away
20	泣 <u>なく</u>	cry
21	お願いですから	I beg of you!; please!
22	ふるさと	one's hometown
	送 （おく） る	send; see someone home

page 39

1	かわいそう （に思う）	pitiful (feel pity for)
4	根 <u>ね</u>	root
	屋根 （やね）	roof
	金 （きん）	gold
	かべ	wall
	銀 （ぎん）	silver
5	ゆめ （夢）	dream （ゆめを見る＝dream (v.)）
6	初 <u>はじめて</u>	for the first time cf. 始めは＝at the beginning
	生 （う） まれて初 （はじ） めて	for the first time in one's life
	女中 （じょちゅう）	maid
9	族 <u>ぞく</u>	家族 （かぞく） family
10	（どう） したらいいか	(how, what,) one should do
11	くらす （暮らす）	lead a life
12	頼 <u>たのむ</u>	ask for; request; cf. 聞く ＝ ask (inquire), hear
	おく	put; place; [here: おいて帰る＝leave her and return home]
	すばらしい	wonderful; fantastic; terrific
	戸 （と）	sliding door
15	さくら （桜）	cherry blossoms
	ながめる （眺める）	look at; get a view of; gaze at
16	鳥 <u>とり</u>	bird cf. 島 （しま ＝ island）
	とぶ （飛ぶ）	fly
	もみじ	Japanese maple; autumn foliage
17	静 （しず） か （な）	quiet
18	（時が） たつ	[time] pass, elapse

	しあわせ（な）（幸せ）	happy
19	急 (きゅう) に	suddenly
	残 (のこ) す	leave behind v.i.= 残る
	思 (おも) い出 (だ) す	remember; recall
20	孝 <u>こう</u>	cf. 考 (かんが) える
	孝行 (こうこう)（な）	good to one's parents
21	楽 <u>たのしい</u>	enjoyable; happy
22	～するつもりで	with the intention of ～
23	ようす（様子）	situation; appearance
26	りゅうぐう（龍宮）	Sea-god's Palace
28	（Xの）おかげで	thanks to (X)
	こうして	like this; in this way
	生 (い) きていられる	be able to be alive
	恩 <u>おん</u>（ご恩）	debt of gratitude; an obligation; kindness
	一生 (いっしょう)	one's lifetime; as long as one lives
29	恩 (おん) がえしする	repay someone's kindness

page 40

1	はこ（箱）	box
	思 (おも) い出 (で)	memory;
2	ふた	lid, cover
3	～ながら	while ～ ing
5	ところが	however
	さがす（探す）	look for
6	見 (み) つかる	be found cf. v.t. = 見つける
	おかしい	strange; funny; odd
7	年寄 (としよ) り	old people
	ごぞんじ（です）	[honorific] ＝知っている
12	（七百年）も	as many as (700 years)
13	悲 <u>かなしい</u>	sad
15	つい	in spite of oneself; unintentionally; carelessly
16	煙 (けむり)	smoke
	あっと言 (い) う間 (ま) に	in an instant
19	のぼる	climb; go up
20	～かもしれない	maybe ～; might be ～

● Grammar Notes ●

(1)<u>行ってみる</u> (try going / go and see what is there)

  V-てみる　 (one takes an action to see the result or consequence)

  読んでみます(read it to see if I can understand it / if it is interesting.)

 1 おいしいか どうか 食べてみました。 (I ate it to see if it was good.)

 2 山田さんに そのことを 聞いてみましたが, 知りませんでした。 (I asked Mr. Yamada
   about it [to see if he knew about it] , but he didn't know.)

 cf. 行こうとする(try to go, be about to go) See Lesson 5, Note 5

(2) 山田さんが <u>来るのが見えた</u>。 (I could see Ms. Yamada coming.)

   来るの(this の turns a verb into a noun phrase) see Lesson 2, Note 6

 1 時々山田さんが家の前の道をそうじしているのを見ます。 (I sometimes see Mr. Yamada
   sweeping the street in front of his house.)

 2 となりの家から 山田さんが 歌を歌っているのが 聞こえますよ。

   (You can hear Ms. Yamada singing from the house next door.)

 3 きのうバスの中から 青山さんが 駅の前を歩いているのを見ました。 (From the bus
   yesterday, I saw Ms. Aoyama walking in front of the station.)

(3)<u>ゆめではないかと思う</u> (wonder if it isn't a dream / feel that it is a dream)

 Nでは／じゃないか

 V/adj のでは／んじゃないか

 ないかと思う expresses a feeling of uncertainty or indirect expression of your opinion.

 1 むこうから歩いて来るのは日本人じゃないかと思います。 (I feel that the man walking
   in this direction is a Japanese.)

 2 今日は午後から雨が降るんじゃないかと思います。 (I have a suspicion that we are going to
   have rain starting this afternoon.)

 3 山田さんは今日は 来ないんじゃないかと思います。 (I 've got a feeling that Ms. Yamada is
   not coming today.)

 cf. ゆめではないと思う(I think it is not a dream.)

(4)<u>ながめられ</u>　 (be able to view and.....)

   The stem form of a verb used as a conjunction is a literary form, and its usage in the above case
   is identical with ながめられて

 1 日本の食べ物にもなれ 毎日の生活が楽しくなってきました。 (I've gotten used to Japanese
   food, and my daily life has gradually become more pleasant.)

 2 子供はいたんだバナナを食べ おなかをこわしました。 (The child ate a rotten banana and
   had diarrhea.)

(5) である (it is)

である is a semi-literary from of だ。

であった＝だった

であろう＝でしょう

1 今日もまた雨である。こんな天気がどのぐらい続くのであろうか。

   (It is raining again. I wonder how long this (kind of) weather will continue.)

2 先生である私にもその問題はむずかしすぎた。 (That problem was too difficult even for me, a teacher.)

3 あまりの美しさにゆめではないかと思ったのである。 (He was so struck with its beauty that he wondered if it wasn't a dream.)

(6) どうしても見つからなかった (No matter how hard he looked for it, he could not find it.)

   どうしても＋negative (no matter how hard .... , one can't)

1 この本だなには ここにある本や雑誌はどうしても全部入らない。

   (No matter how hard we try, we can't put all of these books and magazines in this bookcase.)

2 あの人のことは どうしても忘れられない。 (I can't forget her no matter what I do.)

cf. どうしても＋affirmative (no matter how / at any cost / no matter what happens)

   どうしても船で日本へ行きたい。 (I very much want to go to Japan by boat, no matter what.)

(7) 出たまま （で） (in the state of having gone out [fishing])

   V- た＋まま (After the verb action takes place, there is no follow-up action related to the first act.)

1 山田さんは昨日からその部屋へ入ったままです。 (Mr. Yamada went into that room and hasn't come out.)

2 食べたまま （で） 出かけました。 (We went out without doing dishes.)

3 電気を付けたまま （で） 寝てしまいました。 (I fell asleep with the light on.)

4 くつをはいたまま （で） 家へ入らないで下さい。 (Please don't come into the house with your shoes on.)

(8) あけないように言われる (be told not to open)

   V＋ように言う／V＋ように頼む＝tell to do, ask / request to do.

1 まどをしめておくように頼まれたんですが、 忘れてしまいました。 (I was asked to keep the windows closed, but I forgot.)

2 青山さんに もうここに来ないように言って下さい。 (Please tell Mr. Aoyama not to come here any more.)

● Grammar and Usage Exercises ●

1．V- て　みる

　　例：友達がその映画はおもしろいと言っていたので、

　　　➡ 見てみました（が、つまらなかった／本当におもしろかった）。

＊台所 (だいどころ) のテーブルの上に、おいしそうなケーキがあったので、

＊父の買った雑誌がおいてあったので、

＊昨日、行った店に気に入ったくつがあったので、

2．Vのが見える（聞こえる）

　　例：人々がさんぽしている／それがよく見える

　　　➡ 人々がさんぽしているのが、よく見える。

＊車がビルの下の道を走っている／十階のまどから見える

＊となりの部屋で学生がイタリア語の歌を歌っている／聞こえる

＊父がバスから降りた／見えた

3．では／じゃないか

　　例：明日の天気はどうですか。➡ 雨が降るのではないか（と思います）。

＊タルコフスキーという名前の人が来ましたが、何人 (なにじん) でしょうか。

＊ヨーロッパではどこが一番美しいでしょうか。

＊あなたのご両親は、今どこで何をなさっているでしょうか。

4．V-stem

　　例：朝、起きてから何をしますか。

　　　➡ トイレに行き、シャワーをあび（あびる＝bathe; here, take）ご飯を食べます。

＊先生や学生は、教室で　何をしますか。

＊日本語のクラスでは、どんなことをしますか。

46

５．〜である／であった

例：サル (=monkey)は一番あたまのいい動物です。

➡ サルは一番あたまのいい動物<u>である</u>。

＊日本の六月、七月は雨の多いきせつです。

＊その若者は心のやさしい人でした。

＊その人が有名な歌手だということは知らなかった。

６．どうしても　〜　ない

例：毎晩寝るのがおそいから、➡ <u>どうしても</u>朝早く<u>起きられない</u>。

＊この漢字はふくざつだから、

＊今日は、昼まで寝ていたので、夜、ベッドに入っても、

＊友達が死んでしまったが、先週まであんなに元気だったので、

７．V-た　まま

例：洋服を<u>着たまま</u>ふろに入りますか。

➡ いいえ、洋服をぬいで（ぬぐ＝take off）から、入ります。

＊日本では、くつをはいたまま家の中に入ってもいいですか。

＊夜電気をつけたまま寝てしまうことがありますか。

＊とけいをしたまま泳げますか。

８．Vように言う

例：母は僕にそのカメを助けなさいと言った。

➡ 母は僕にそのカメを<u>助けるように言った</u>。

＊父はむすこに町に行って一人でくらしなさいと言った。

＊その女の人は浦島に自分のふるさとまで送ってくださいと頼んだ。

＊祖母は私に悲しくても泣いてはいけないと言った。

● Translation Exercises ●
■ Japanese → English ■

1. こんな魚をつったのは初めてだ。おいしいかどうか、さしみにして<u>食べてみよう</u>。

2. 私のアパートのまどから電車が<u>走っているのがよく見える</u>。

   cf. ゆうべ、おじさんが町の映画館から<u>出て来るところを見た</u>。

3. 日曜日には、昼まで寝ている<u>のではないかと思って</u>、電話をかけずに来た。

4. 夏には、いなかに<u>行き</u>、山に<u>のぼり</u>、川で泳ぐ。

5. 「人は考えるアシ（=reed）<u>である</u>」

6. <u>どうしても分からない</u>場合には、先生に質問して下さい。

7. その店の中はとても寒かったので、コートを<u>着たまま</u>食事をした。

8. 私は両親に、あの森にはけっして<u>入らないように言われている</u>。一度入ったら出て来られないのだそうです。

■ English → Japanese ■

1. Let's <u>see</u> that movie (to find out) if it is interesting.

2. The student said on the phone that he got sick and would not be able to come to class, but I <u>saw him walking</u> happily （楽しそうに）with his girlfriend around noon.

   cf. I didn't see my uncle (<u>just as he was</u>) <u>catching</u> the fish, so it might be one he bought at a fish market.

3. There was no one but people speaking French, so <u>I thought I must be</u> in France.

4. I make it a practice to <u>clean</u> my room, <u>wash</u> my clothes and take my dog for a walk on Sundays.

5. Human beings are animals that use tools （=どうぐ）.

6. I can't stay awake （起きている）after twelve o'clock <u>no matter how hard I try</u>.

7. My husband has very poor eyesight, so he has to take a bath <u>with his glasses on</u>.

8. My father <u>told me to see</u> the little girl home, because all kinds of animals come out （=出て

48

来る) at night and it is very dangerous.

● Questions ●

1. 浦島はどんな動物の命を助けましたか。それはなぜですか。

2. 次の日に浦島はどんな人に会って、その人はどんな話しをしましたか。

3. 女の人のふるさとに着いた日に、その人は浦島にどんなことをしてあげましたか。

4. 浦島は、なぜその人と二人でくらすことにしましたか。

5. 二人はどんな部屋でくらしましたか。

6. 浦島は三年も女の人のふるさとでくらすつもりで、自分の村を出ましたか。浦島は
   孝行なむすこではなかったから、親のことを三年もの間思い出さなかったのでしょう
   か。

7. その女の人はなぜ浦島とけっこんしたのか、本当のことを説明しなさい。

8. 浦島は自分の村にもどって、どんなことを知りましたか。

9. 浦島は悲しくなって、どんなことをしましたか。そしてどうなりましたか。

10. この話しにはどんな意味があると思いますか。いくつか考えてみなさい。

● Writing Exercise ●

Summarize your favorite story or fairy tale.

5. 世界の料理
Cooking around the World

● Main Text ●

　国によってことばが違う<u>ように</u>₁、世界の料理はさまざまです。もちろんだれでも自分が生まれてそだった土地の料理が一番好きなのは当たり前ですが、それ以外に、どこの国の料理が一番好きかと聞かれれば、中国料理かフランス料理だとこたえる人が多いのではないでしょうか。この二つ　₅の国の料理は、世界中で最も人気のある料理です。この二つに比べると、日本料理は世界中に広がるほどの力は持っていないようです。

　日本はむかしから、外国の文化を輸入するのが上手で、それは料理についても同じでした。たとえばインドからはカレー（ライス）の作り方を、中国からはラーメンやギョーザの作り方を習いました。しょうゆやみそも　₁₀中国から来たものです。ただ、輸入されたものはだんだん日本人の好きな味に<u>変わってきて</u>₂、今ではしょうゆなどは中国と日本とでは、かなり味が違います。またカレーも日本の子供達の最も好きな食べ物の一つになっていますが、インド人のようにスパイスをたくさん使わないので、まったく別の料理だと言ってもいいくらいです。　　　　　　　　　　　　₁₅

　このように日本人はさまざまな料理を輸入してきました。ところが、このごろは反対に日本料理が外国へ輸出され始めました。特に「すし」はアメリカで人気があります。なぜアメリカ人はすしに興味 (きょうみ) を持つのでしょうか。もちろん、おいしいということが一番の理由でしょう。しかし、もう一つ、「すしはけんこうによい」ということも<u>アメリカ人に</u>　₂₀<u>は</u>₃大切な点のようです。

　最近、アメリカの雑誌 (ざっし) が千人の人の一日の食事について調べま

50

したが、それによるとアメリカ人の食事にはかなり問題があることが分かりました。その日に、くだものをぜんぜん食べなかった人が全体の半分、野 (や) さいを食べなかった人が四分の一もいたとのことです。

　しかし、そのアメリカで日本料理の人気が高くなってきているのは、米、野さい、魚が中心の日本料理の方が、ステーキやハンバーガーよりも　5
けんこうによいのだとアメリカ人が考え始めたからでしょう。食事は、味がいいばかりではなく、えいようのバランスもとても大切です。ある研究によると、一日に三十しゅるいの物を食べるのが理そうだと言います。いろいろな物を少しずつ食べる日本料理は、この点でも、けんこうによいと言えるでしょう。　10

　□会話□

山本：この店のてんぷらは、おいしいでしょう。
ハイゼンベルグ：はい、特に野さいのてんぷらがおいしいですね。
山：どんな物でもてんぷらになりますよ。私の家では、ときどき肉も使います。　15
ハ：私は肉は　にが手なので、それはちょっと…。
山：ハイゼンベルグさんはベジタリアンなんですか。
ハ：魚やエビは食べますから、ベジタリアン **というわけではない**んですが。
山：あなたが肉を食べないというのは、宗教と関係があるのですか。日本　20
でも、むかしから仏教のお坊さんは、動物の肉は食べないことになっていました。生きているものを殺すのは、とても悪いことだと考えたからです。ふつうの人は生きるためだから、仕方がないと考えるのですが。

ハ：私の場合は、ちょっと特別な理由があるんです。高校生の時、いなかへ行って牛の世話を手伝ったことがあるんです。その中の一番小さな牛　25
を、その夏中かわいがって、友達みたいに思っていました。ある晩、牛肉の料理を食べた後で、それが、そのかわいがっていた牛の肉だったと知って、びっくりしました。それから肉が食べられなくなってしまいました。
山：そんなことがあったんですか…その気持ちはよく分かります。　30

51　　　　　　　　　　　　　　　**Lesson 5**

ハ：その後、何度も肉を<u>食べようとしました</u>₅が、その牛の顔を思い出してしまって、どうしても食べられません。

山：そうですか...でも、あなたは魚が食べられるのだから、えいようのバランスについては問題ないでしょう？

ハ：そうですね、特に日本ではどこでも魚が食べられるし、とうふのような物もあるので、私には都合がいいです。

山：日本人もむかしから牛肉を食べていたわけじゃありません。牛肉を食べるようになったのは、明治になってヨーロッパの文化を輸入し始めてからですよ。その前にも、鳥肉などは食べていましたが、食事の中心は野さいと魚だったようです。

ハ：先日、ある雑誌に魚の大きな絵が出ていて、おもしろそうだったので読んでみました。それによると、ある大学の先生方が江戸時代の地図にもとづいて、東京の土の中を調べているんですが、その中から大きな魚のほねがたくさん見つかるそうです。そのほとんどが「たい」のほねだという話しです。

山：そうですか。日本では「たい」は魚の王さまだって言われますが、やはりむかしから人気があったんですね。ところで、魚の食べ方ですが、「たい」のように大きな魚のほねは食べられませんが、小さい魚の場合は、ほねも頭 (あたま) も全部食べてしまうんです。むかしの人はえいようなどということは特に考えていなかったはずですが、そうやってカルシウムを取っていたわけです。

ハ：アメリカでは、<u>魚はどちらかと言えば</u>₆高級な食べ物で、毎日のように<u>食べるわけにはいきません</u>₇。

山：日本では反対ですね。牛肉が今でも高級品で、ステーキを食べようと思うと、まずねだんの心配をしなければなりません。

ハ：でも私は、牛肉のような「たんぱく質」よりは、魚やとうふのような「たんぱく質」を取ったほうが、けんこうによいと思います。だから肉のねだんが高いというのは、日本人には、むしろいい事のように思います。

山：そうでしょうかねえ。

ハ：日本の料理について、一つだけ気になることがあります。それは、し
　おやしょうゆを使いすぎるのではないか、という点です。町の食堂など
　の「みそしる」は、ときどきしょっぱくて、飲めないことがあります。
山：そうですね、ラーメンのスープなども、おいしいから、私はつい全部
　飲んでしまいますが、ちょっと気をつけた方がいいですね。日本料理に　5
　も問題がないわけではないんですねえ。

● Vocabulary and New Kanji ●

<u>page 50</u>

1	国 (くに)	country
	ように	just as ~
	さまざま（な）（様々）	various
2	そだつ（育つ）	grow up (v.i)　v.t. = そだてる
3	以 い	
	X 以外 (いがい) に	besides X; in addition to X
6	最 もっとも	the most ~
	人気 (にんき) がある	popular
7	広 (ひろ) がる	spread
	～ほどの	to the extent of ~; enough to ~
8	文化 ぶんか	culture
	輸入 ゆにゅう（する）	import　cf. 入 (はい) る
		cf. 輸出 (ゆしゅつ)（する）= export
9	インド	India
	カレー（ライス）	curry (curried rice)
10	ラーメン	Ramen (Chinese noodle soup)
	ギョーザ	Chinese dumpling
	しょうゆ	soy sauce
	みそ	soybean paste　cf. みそしる = miso soup
11	ただ	however
12	味 あじ、	taste　cf. 意味 (いみ) = meaning　Lesson 1
	かなり	rather; quite
14	スパイス	spice
15	まったく（全く）	completely; totally
17	反対 (はんたい) に	conversely; on the contrary
		cf.　反対する = oppose
18	興 きょう	
	（Xに）興味 (きょうみ) を持つ	be interested in (X)　（＝興味がある）
19	由 ゆう	
	理由 (りゆう)	reason
20	けんこう（健康）	health

54

21	点 てん	point; respect; aspect （この点で in this respect）
22	最 さい	cf. 最 (もっと) も = the most (page 50 line 6)
	最近 (さいきん)	recently; lately
		cf. 最後 = the very last
	調 しらべる	investigate; examine

page 51

2	体 たい	cf 体 (からだ) Lesson 2
	全体 (ぜんたい)	the whole
	半分 (はんぶん)	half
3	四分 (よんぶん) の一 (いち)	one fourth
	…とのことです	it is said that ~ = … そうです
5	米 (こめ)	rice cf. ご飯 (はん) = cooked rice
	中心 (ちゅうしん)	the center; main （魚が中心の料理 = a dish that consists mainly of fish; a cuisine that centers around fish）
7	えいよう （栄養）	nutrition
	研究 けんきゅう （する）	research
8	しゅるい （種類）	kind; type
	理そう （理想）	ideal
11	会話 (かいわ)	conversation
14	肉 にく	meat
17	ベジタリアン	vegetarian
18	エビ	prawn; shrimp; lobster
20	宗 しゅう	
	宗教 (しゅうきょう)	religion
	関係 (かんけい)	relation(ship); connection
21	坊 ぼう	
	お坊 (ぼう) さん	(Buddhist) priest
	～することになっている	it is the rule [custom] that ~
23	仕方 (しかた) がない	it can't be helped; one has no choice
24	高校生 (こうこうせい)	high school student

25	牛 _{うし}	cow; bull
	(Xの) 世話 _(せわ) をする	take care of (X)
	手伝 _(てつだ) う	help (assist)
		cf. 助 _(たす) ける = save another's life; rescue
26	かわいがる	be fond of; treat with affection
5	とうふ	bean curd
8	治 _じ	
	明治 _(めいじ)	Meiji era (1868 ~ 1912)
11	絵 _え	picture; painting
12	先生 _(せんせい) 方 _(がた)	the teachers [方＝honorific plural used for people cf. 達_{たち}]
	江 _え	
	江戸 _(えど)	Edo period (1603 ~ 1867)
13	(X) にもとづいて	be based on (X); be founded on; [here: being guided by]
14	ほね（骨）	bone
	たい	red snapper
16	王 _{おう}	king （＝王様_{さま}）
		cf. queen＝女王 _(じょおう) （様）
19	頭 _{あたま}	head
20	カルシウム	calcium
22	級 _{きゅう}	(class)
	高級 _(こうきゅう) （な）	high-class [grade]; expensive
		高級品 _(ひん) ＝ expensive articles [goods]
25	まず（先ず）	first (of all); in the first place
26	たんぱく質 _(しつ)	protein
28	むしろ	rather

page 53

1	(Xが) 気 _(き) になる	(X) bothers one; worry (about X)
	しお（塩）	salt
3	しょっぱい／しおからい	salty
5	(Xに) 気 _(き) をつける	be careful (about X); pay attention to (X)

● Grammar Notes ●

(1)違う<u>ように</u>(just as they are different)

　V / adj / na-N な / Nの/ように (in the same way as verb / adj / noun)

　1 私がするようにして下さい。(Please do as I do.)

　2 外国人に 日本のテニヲハ(the particles) が むずかしいように, 日本人には英語の a やthe
　　の 使い方が 分かりにくい。(Just as it is difficult for a foreigner to use the particles in
　　Japanese, in the same way, it is difficult for the Japanese to use the articles in English.)

　3 日本の料理は 中国料理のように しょうゆをよく使いますが、中国料理のように
　　あぶらををたくさん使いま せん。(Like Chinese cooking, Japanese cooking uses a lot of soy
　　sauce, but it does not use oil the way Chinese cooking does.)

(2)変わってくる<u></u>(will be changing, will begin to change)

　V + てくる usually describes a gradual development.　Used often with verbs which
　indicate changing condition such as なる／晴れる／やせる

　1 このごろ 太ってきました。(I have been gaining weight lately.)

　2 曇ってきましたから 帰りましょう。(It has begun to get cloudy, so let's go home.)

　3 春子さんは ずいぶんきれいに なってきましたねえ。(How pretty Haruko has become !)

cf. 日本のけいざいは これから どう変わっていくでしょうか。(I wonder how the Japanese
　economy will change over time.)

(3)<u>アメリカ人に(は)</u>　(for Americans)

　Xには＝Xにとっては　(for X)

　1 私には これは むずかし過ぎます。 あなたにはかんたんかもしれませんが。
　　(This is too difficult for me. It may be easy for you, but ... [not for me].)

　2 山田さんは中国で生まれて中国でそだったから 山田さんには中国語は外国語じゃありま
　　せん。 (Ms. Yamada was born and grew up in China, so Chinese is not a foreign language for
　　her.)

　3 野さいやくだものは 体にいいから なるべく たくさん食べるようにしています。(Since
　　vegetables and fruits are good for your health (body), I make a habit of eating them as much as
　　possible.)

(4)ベジタリアン<u>というわけではない</u>。(It does not mean that one is a vegetarian.)

　わけ(a reason, a meaning)　わけがある(there is a reason)

　Xという／ていうわけだ(it means that X)

　というor ていうcan be omitted, but add な or の if it is preceded by na-N or N.

　1 日本料理が きらいだ という／日本料理がきらいなわけではないんですが、生(なま)の魚
　　は 食べないことにしています。 (It isn't that I don't like Japanese food, but I make it
　　a practice not to eat raw fish.)

2 買いたくないっていうわけじゃないんですが、お金がなくて買えないんです。 (It isn't that I don't want to buy it. I can't buy it because I don't have the money.)

3 とおっしゃると、あたなも知らなかったというわけですか。 (Do you mean to tell me that you didn't know it either?)

4 青木さんがそんなことを言うわけはない。 (There is no reason (to believe) that Mr. Aoki says things like that.)

(5) 肉を<u>食べようとしました</u>。 (I tried to eat meat. / I was about to eat meat.)

compare with 食べてみました - Lesson 4, Note 1 - (I tried eating it. I ate it.)

Vよう／Vおうとする the action does not take place. The effort or intention is not enough or is interrupted.

1 肉を食べようとしましたが、かたくて食べられませんでした。 (I tried to eat the meat, but it was so tough that I couldn't eat it.)

2 山田さんにそのことを聞こうとしましたが、山田さんはほかの人と話していたので聞かれませんでした。 (I tried to ask Mr. Yamada about it, but he was talking with someone else, so I could not ask him.)

3 昨夜寝ようとしてもなかなか寝られず 仕方がないので、夜中に起きて本を読んでいました。 (Though I tried to sleep last night, I wasn't able to. So I got up in the middle of night and read a book since there was nothing else I could do.)

(6) <u>どちらかと言えば</u> (If I had to choose which of the two ...)

There are two alternatives and one chooses from them.

1 今日は どちらかと言えば 涼しいですね。 (It is a little on the cool side today.)

2 山田さんの家は どちらかと言えば 駅に近いほうです。 (Mr. Yamada's house is considered close to the station.)

3 その大学はアメリカの大学としては、どちらかと言えば 入るのが むずかしいです。
(For an American college, that college could be considered difficult to get into.)

(7) <u>食べるわけにはいきません</u>。 (One can't very well eat it.)

V + わけにはいかない (can't very well + V)

1 一つしかないから、あなたに上げるわけにはいきません。 (Since I have only one, I can't very well give it to you.)

2 山田さんにそのことを聞かれたので、話さないわけにはいかなかった。 (I was asked by Ms. Yamada about it, so I couldn't very well not tell her.)

cf 食べるわけはありません。 (There is no reason one will eat it.)

● Grammar and Usage Exercises ●

１．〜ように

　例：日本人はお米を食べる／アメリカ人はパンを食べる

　　➡ <u>日本人がお米を食べるように</u>アメリカ人はパンを食べる。

＊日本語では漢字やひらがなが使われる／英語ではアルファベットが使われる

＊今の人は自動車に乗る／むかしの人は馬(うま＝horse)に乗った

＊人は食事をしなければならない／木や花は水や空気がいる

２．V-て　くる

　例：この町はこのごろどう変わりましたか。

　　➡ この町はこのごろ<u>あぶなくなってきました</u>。

＊このごろの物価はむかしに比べてどうなりましたか。

＊アメリカの人口は、これからどうなっていくでしょう。

＊日本に住む外国人は多くなりましたか。

３．X　に（は）

　例：この本はむずかしい／小学生➡この本は<u>小学生には</u>むずかしい[むずかしすぎる]。

＊こんな道は悪い／車のタイヤ

＊犬 (いぬ) は友達のようなものだ／イギリス人

＊インドの料理はスパイスが強すぎる／日本人

４．〜（という）わけではない（わけじゃない）

　例：田中: アメリカ人は肉をたくさん食べますねえ。

　　スミス: 日本人はぜんぜん食べないんですか。

　　田中 ➡ いいえ、<u>ぜんぜん食べないというわけではありません</u>が、アメリカ人ほど

　　　食べません。

＊田中: 肉にはビタミンがぜんぜんないんですか。

　山本：いいえ、➡

＊田中: 私達日本人はすしが大好きなんですよ。

　スミス: じゃ、すしがきらいな人はいないのですか。

　田中: いいえ、➡

5．V-よう／V-おう　とした

　例：ゆうべ、その本を読みたかったけど、ねむくなって寝てしまいました。

　　➡ゆうべ、その本を<u>読もうとしたけど</u>、ねむくて読めませんでした。

＊そのくつをはきたかったけど、小さすぎた。

＊父にラーメンの作り方を教えてもらいたかったけど、父は忙しくてだめでした。

＊日本語で言いたかったけど、その話しはむずかしすぎた。

6．どちらかと言えば

　例：赤や黄色（きいろ）はきらいだというわけじゃないが、

　　➡<u>どちらかと言えば</u>、地味な色の方がすきです。

＊あの男の人は６フィート１インチだ。アメリカ人としては ➡

＊ワシントンＤＣはアメリカの北の方にありますか、南の方にありますか。 ➡

7．V（Vない）わけにはいかない

　例：毎日、高級なレストランで食事をするんですか。

　　➡いいえ、お金持ちじゃないから、毎日、高級レストランで<u>食べるわけにはいきま</u>
<u>せん</u>。

＊学生は毎日のようにパーティーに行って遊んでいられますか。

＊今日もクラスで寝てしまったんですか。

＊むすめ：お父さん、どうして毎日働きに行くの？　　父：

● Translation Exercises ●
■ Japanese → English ■

1. 東京の人がおきなわのことばを聞いても分からない<u>ように</u>、パリの人はふつう南フランスのプロバンス語などを聞いてもよく分からない。

2. a コンピューターとかファックスとかいうような物のねだんは、これからどんどん<u>安くなっていくん</u>じゃないでしょうか。

   b. たばこをすう人が<u>少なくなってきた</u>ので、たばこがすえる所も少なくなってきた。

3. 日本のカレーを食べても、<u>インド人には</u>ぜんぜんおいしくないだろう。

4. a. 楽しいからテニスをしているのです。けんこうのためにやっている<u>わけじゃありません</u>。

   b. 今日も食事は、朝はコーヒーだけ、昼はハンバーガー、夜はラーメンでした。このように私の食事のバランスはとても悪い<u>わけです</u>。

5. a. おじさんの作った弁当をぜんぶ<u>食べようとした</u>がまずくて食べられなかった。

   b. 本を見ながら初めててんぷらを<u>作ってみました</u>。ちょっと<u>食べてみて</u>ください。

6. A: あなたのかばんを取ったのは、どんな男でしたか。

   B: そうですねえ、暗くて顔はよく見えませんでしたが、<u>どちらかと言えば</u>、小さな人だったように思います。

7. お世話になっている先生に頼まれた仕事だから、つまらなくても、<u>やらないわけにはいかない</u>。

■ English → Japanese ■

1. <u>Just as</u> the Chinese drink tea, the French drink wine.

2. a. I think that the economy of that country <u>will gradually improve</u>（＝よくなる）.

b. I <u>have been studying</u> Russian for ten years, but I'm still not able to speak it well.

3. This problem is too difficult <u>for high school students</u>.

4. a. Kyushyu is located much farther south than Tokyo. But <u>that doesn't mean</u> that it doesn't

    snow there at all.

    b. The price of beef is much higher than that of pork and chicken, so <u>that means</u> that in Japan

    beef is a deluxe (high-class) food.

5. a. I <u>tried to write</u> a letter in Japanese, but I couldn't remember the kanji for "watashi," so I gave

    up on writing it.

    b. We <u>went up</u> to the top of the Empire State Building <u>(to see what we could see)</u>, but we

    could not see anything because the weather was bad.

6. Although I have been doing research on European culture for a long time, <u>if I had my choice</u>, I

    would be more interested in Asian culture.

7. My major （＝せんこう） is Chinese history. Since there are many great scholars （＝学者_が

    くしゃ） of Chinese history in Japan, I <u>can not very well not read</u> books written in Japanese.

● Questions ●

1. 外国の料理の中では、どこの国の料理が人気がありますか。それはなぜだと思いますか。

2. 日本はどんな料理、文化を輸入しましたか。

3. 輸入されたものは日本でどんなふうに変わりましたか。

4. なぜアメリカで日本料理が人気がありますか。

5. ベジタリアンの中にも、その人の食べられる物によって、いくつかのしゅるいがありますが、説明しなさい。

6. ハイゼンベルグさんはどんな理由があって肉が食べられないのですか。　肉を食べない人は、大てい　どんな理由で食べないのですか。

7. 日本人の食事は江戸時代と比べて、どう変わりましたか。また四、五十年前と比べて変わったと思いますか。アメリカはどうですか

8. ある先生が東京の土の中を調べたら、どんなことが分かりましたか。

9. 日本の子供達はお母さんの作ってくれるお弁当が大好きですが、食事については、えいようのほかに、どんなことが大切だと思いますか。

10. 日本ではひっこしをした時には、そばを食べたり、正月（しょうがつ＝the New Year）には特別な料理を作りますが、アメリカでも特別な料理を食べる時がありますか。

● Writing Exercise ●

a. Write about the most delicious food you have ever eaten.

b. What do you think about the American diet in general?

6. 日本語の特徴

Characteristics of
the Japanese Language

● **Main Text** ●

「日本語は<u>何と</u>むずかしいことば<u>だろう！</u>₁」日本語を勉強する学生は一度や二度は必ずそう思ったことがあるだろう。スペイン語やフランス語には英語と同じことばや似ていることばがたくさんあるのに、日本語にはまったくない。英語と関係があるのは、英語から来た外来語<u>くらいのものだ</u>₂。しかし、それも発音が日本風になっているから、説明を<u>聞かなくては</u>₃たいてい意味が分からない。文字について考えてみても、ひらがな、カタカナ、漢字という三種類 (しゅるい) の文字を同時に使うのは、世界中で日本語だけである。日本人は、なれてしまっているが、外国人が見ておどろくのは当たり前である。 5

英語がどんなふうに発達してきたかという歴史は、学者の研究<u>によって</u>₄はっきりしているが、日本語についてはまだよく分かっていない。ことばと言うものは、始めに話しことばがあって、後でそれを書き表わす文字が生まれるものである。だから日本語にも昔 (むかし) は文字がなかった。中国で発明された漢字を輸入して初めて日本語を書き表わすことが出来るようになったのである。 10

15

漢字の輸入は三世紀ごろから始まっていたが、始めは漢字を使って中国語を書くだけであった。それはヨーロッパで昔、本を書く時にラテン語が使われたのに似ている。しかしその後 (ご) 漢字を使って自分達のことばである日本語を書き表わすようになったのである。そのために日本人は、「音 (おん)」と「訓 (くん)」と呼ばれる漢字の二つの読み方を考え出した。 20

音は、漢字を中国語の発音（または、それに近い発音）で読む方法である。たとえば、「学」を「がく」、「生」を「せい」と読むことである。これによって「学生」というような中国語のことばをそのまま日本語として使うことが出来るようになった。

また意味とは関係なく漢字の音だけを使うことによって、日本語の発音を書き表わすということも行なわれた。たとえば、左は sa、久は ku，良は ra という音を持っているから、「左久良」と書いて、sakura と読むのである。この方法によって、日本語の発音は、全部漢字で書き表わせるようになったが、一々漢字を書くのはめんどうであるし、左（＝ひだり）とか良い（＝よい）という漢字の意味は、この場合じゃまになる。そこで、だんだんこの漢字が簡単に書かれるようになった。このようにして「さ」、「く」、「ら」などの「ひらがな」が十世紀末ごろまでに出来上がったのである。一方、カタカナは仏教を学ぶお坊さん達の間で発達したものである。できるだけはやく簡単に書くことが目的で、漢字の一部分がカタカナになっている場合が多い。だから、ひらがなのような文字としての美しさはない。

もう一つの読み方の訓というのは「学」という漢字の意味を考えて、「まなぶ」という日本語を当てて読むことである。そして「桜」という漢字を「さくら」と読めば、もう以前のように「左久良」と書く<u>必要もなくなる</u>₅のである。以上のように、日本語は、「学生」、「大学」などで使われる「音」と、学（まなぶ）、桜（さくら）などの漢字の「訓」と、「かな」という三つの方法によって、自由に書き表わすことが出来るようになったのである。

ずっと後 (のち) の時代の話しであるが、明治になって日本に西洋文化が入ってきた時、今まで東洋にはなかった物事を書き表わすために、漢字の音を組み合わせて、科学（かがく＝science）、社会（しゃかい＝society）、哲学（てつがく＝philosophy）などの新しいことばが日本でたくさん作られた。これは漢字がなければ、そして音という方法がなければ、出来なかったことである。このようにして作られた新しいことばは、今度は反対に中国語の中に入っていった。

◆漢字の発達◆

$\text{〜} \Rightarrow \text{〜} \Rightarrow$ 人

$\Rightarrow \square \Rightarrow$ 日

$\Rightarrow \text{〜} \Rightarrow$ 川

$\Rightarrow \Rightarrow$ 鳥

$\Rightarrow \Rightarrow$ 犬

$\Rightarrow \Rightarrow$ 羊 （ヒツジ＝sheep）

◆漢字から「かな」へ◆

安 ⇒ あ　　阿 ⇒ ア

以 ⇒ い　　伊 ⇒ イ

宇 ⇒ う　　宇 ⇒ ウ

衣 ⇒ え　　江 ⇒ エ

於 ⇒ お　　於 ⇒ オ

◆部分を組み合わせて作られた漢字◆

羊 ＋ 大 ＝ 美　　（昔中国では大きい羊は美しいものだと考えられていた）

月 ＋ 口 ＝ 名　　（暗い時に人のかおが見えないから、自分の名前を言う）

口 ＋ 木 ＝ 困　　（木をはこに入れたら大きくなれないから困る）

＋ ＝ 旅　　（はた(flag)を持って人々が動く[旅行する]）

　漢字の一番の特徴は、物の形つまり絵から作られたということである。日や月のように分かりやすい<u>ものもあれば</u>、犬、鳥のように、形が変わってしまって、ちょっと見ただけでは分からない<u>ものもある</u> 6。また一、二や上、下などは物の関係を示している。さらに、美（しい）、名、困（る）、旅（行）などのように、いくつかの部分を組み合わせて、一つの意味を表わしたものも多い。 5

　このように、漢字は「意味を表わす」文字であるが、アルファベットのように「音 (おと) を表わす」だけの場合も多いことを忘れてはならない。たとえば、時、持の左の部分は、それぞれ日、手（扌）で、意味を示しているが、右の部分は「じ」という音を示しているだけである。８０パーセントの漢字はこの種類のものである。この場合の「日」「手（扌）」は部首と呼ばれていて、その中の、よく使われるものを知っていれば、少しは 10

漢字が覚えやすくなるだろう。つまり、時、晴れ、明 (あか) るいなどは
「日」に関係のある漢字であり、海、流れる、泳ぐ、酒などは「水」に関
係がある。このほか、土（場）、言（話し）、食（飯）、心（思う）など
たくさんある。

　次に文字以外の特徴について、ちょっと考えてみよう。　　　　　　5
学校の先生がテストの日に、こんなふうに言ったら、学生達はどう思うだ
ろうか。「今日はテストをしない...と言ったら、みなさんが喜ぶだろう ...
と思ったので、来週することにしよう ... かと思ったが、やはり今日やる
ことにしました」学生は喜んだり、がっかりしたりして、忙しい。日本語
では大切なことばは文の一番終わりに来る。するか、しないか終わりまで　10
聞かなくては分からないのである。

　はい、いいえの使い方も英語とは違う。「あの映画、見なかったの」と
質問されたら、「うん、見なかった」または「いや、見たよ」と答える。
はいか、いいえかは、質問の仕方によって決まるわけである。このことか
ら、日本語は相手の気持ちを中心に考えることばだと言う人もいるが、こ　15
の答え方については中国語や韓国 (かんこく) 語も同じだそうである。それ
よりも問題なのは、この「はい」の意味が広いということだろう。「は
い、本当にそうですねえ」と言っておきながら、色々な理由をならべて、
「だから、ちょっと違うかも知れませんよ。私は、違うように思います。
いや、ぜんぜん違いますよ」と最後にはまったく反対の「いいえ」になっ　20
てしまうこともないとは言えない。日本人は外国人との話し合いで、ごか
いが起きないように、はい、いいえをなるべくはっきり使うようにする必
要があるだろう。

　このほか、男女のことばの区別や敬語も大きな特徴だが、敬語は、日本
の社会が変わってきているため、だんだん簡単になってきている。また　25
ワープロやコンピューターを使うようになってから、自分で漢字を書く必
要がなくなったため、漢字を忘れてしまうという日本人もいる。これか
ら、日本語を使う外国人がもっと多くなれば、日本語を教える設備や技術
も発達し、日本語は今よりは勉強しやすいものに変わっていくであろう。

● Vocabulary and New Kanji ●

page 64

徴 <u>ちょう</u>

特徴 （とくちょう） characteristic; feature

2 必 <u>かならず</u> surely; without fail; be sure to ...

3 似 <u>にている</u> be (look) like; resemble; be similar cf. 以

4 まったく （全く） completely; totally
外来語 （がいらいご） loan word

5 音 <u>おん</u>、<u>おと</u> sound
発音 （はつおん） （する） pronunciation
～風 （ふう） ～style e.g. 東洋風のたて物 Oriental-style building

6 文 <u>も</u> cf. 文 （ぶん） = sentence Lesson 5
文字 （もじ） character; letter

7 種類 <u>しゅるい</u> kind; type

同 <u>どう</u> cf. 同 （おな） じ= same
同時 （どうじ） に at the same time

10 達 <u>たつ</u> cf. 私達 （わたしたち）
発達 （はったつ） する develop

歴史 <u>れきし</u> history
学者 （がくしゃ） scholar

12 話 （はな） <u>し</u>ことば spoken language
    （書きことば= written language）

表 <u>あらわす</u> express
書 （か） き表 （あら） わす express in writing

13 昔 <u>むかし</u> a long time ago; (in) ancient times
発明 （はつめい） する invent

16 紀 <u>き</u> 世紀 （せいき） century

17 ラテン語 （ご） Latin

20 音 （おん） Chinese readings of kanji

訓 <u>くん</u> Japanese readings of kanji
考 （かんが） え出 （だ） す come up with; think of

1	または	or　(cf. A か B)
	法 ほう	law (also 法律 ほうりつ)
	方法 (ほうほう)	method; way
6	行 おこ (な) う	practice; act; carry out
	良 よい	good
9	一々 (いちいち)	one by one; in full detail
	めんどう (な)	trouble(some)
10	じゃま (な)	hindrance; bother; obstruction
	そこで	so; then
11	簡単 かんたん (な)	simple; easy; brief
12	末 すえ	end
13	学 まなぶ	study; learn　cf. 学校 (がっこう)
	(Xの)間 (あいだ) で	among (X)
14	できるだけ〜	as 〜 as possible
	目的 もくてき	purpose　cf. 目 (め) ＝ an eye
	（一）部分 (いちぶぶん)	(one) part
18	当 (あ) てる	apply
	桜 さくら	cherry tree (blossom)
19	以前 (いぜん)	(in) former times; before
	必要 ひつよう (な)	necessity　cf.必 (かなら) ず
20	以上 (いじょう)	the above (-mentioned / stated); more than
22	自由 (じゆう) (な)	free
24	西洋 (せいよう)	West; Occident
25	東洋 (とうよう)	East; Orient
	物事 (ものごと)	things
26	組 くみ	group
	組 (く) み合 (あ) わせる	combine
	科 か	科学 (かがく) science
	社会 (しゃかい)	society
27	哲 てつ	哲学 (てつがく) philosophy

| 1 | つまり | that is to say; namely |

69　　　　　　　　　　　　　　　**Lesson 6**

2	犬 <u>いぬ</u>	dog
4	示 <u>しめす</u>	indicate; show
	さらに	moreover; furthermore; in addition
7	アルファベット	alphabet
8	音 (おと)	sound; noise
	忘れてはならない	＝忘れてはいけない
12	首 <u>しゅ</u>	(<u>くび</u>＝ neck)
12	部首 (ぶしゅ)	radical (of a character)

page 67

5	X 以外 (いがい) の Y	Y other than X
9	(Xに) がっかりする	be disappointed (at X)
	うん	[informal] ＝ はい
	答 <u>こたえる</u>	answer
15	相 <u>あい</u>	
	相手 (あいて)	a person whom one is speaking to; partner; opponent
16	韓 <u>かん</u>	韓国 (かんこく) Korea
18	ながら	although
	ならべる	arrange; line up; enumerate (X がならぶ ＝ X lines up)
20	最後 (さいご)	end; the last
21	話 (はな) し合 (あ) い	talks
	ごかい (する) (誤解)	misunderstanding
22	起 <u>おきる</u>	occur; happen; get up
	なるべく～	as ～ as possible (＝できるだけ)
	～するようにする	(always) try to do ～
24	男女 (だんじょ)	men and women
	区 <u>く</u>	a ward, borough
	区別 (くべつ) (する)	distinction
	敬 <u>けい</u>	
	敬語 (けいご)	honorific language; polite expression
26	ワープロ	word processor (＝ワードプロセッサー)
28	設備 (せつび)	facilities
	技術 <u>ぎじゅつ</u>	technology, skill

● Grammar Notes ●

(1) 何 と [何て] むずかしい ことばだろう(か) (What a difficult language it is!)

Expresses one's deep feeling of being impressed, disgusted, etc.

1 山田先生は何とえらい先生だろう。 (What a great teacher Prof. Yamada is!)

2 今日は何ていい天気だろう。 (What a fine day today is!)

3 あのレストランの食べ物は何て高くてまずいんでしょうか。 (How expensive and bad the food at that restaurant is!)

(2) Xは外来語くらい／ぐらい(のもの)だ (just about the only X are words borrowed from foreign languages)

1 それが分からなかったのは私くらい(のもの)です。 (I was about the only one who didn't understand it.)

2 今度持ってきたおみやげと言え空港 （くうこう＝airport） で買ってきたお酒と チョコレートぐらい(のもの)です。

(Speaking of [lit., if one were to enumerate] the presents I brought this time, chocolate and liquor bought at the airport are about all there is. / Speaking of the presents I brought this time, about all I have are chocolate and liquor which I bought at the airport.)

(3) 聞かなくては＝聞かなくちゃ (if you don't listen, unless you listen)

Often interchangeable with 聞かなければ。 Unlike なければ, however, なくては is always followed by a negative V or adj, or some other negative expression. With an adj, such as 高くては(if it is expensive), やかましくては(if it is noisy), or na-N, such as 不便では(if it inconvenient), or N such as 外国人では (if it is a foreigner), this form is also followed by a negative expression.

1 見なくては分かりません。 (Unless you see it, you won't understand.)

2 毎日練習しなくては上手になれません。 (If you don't practice it every day, you won't become good at it.)

3 この薬 （くすり） は一日に三度飲まなくてはだめです。 (This medicine will not work unless you take it three times daily.)

4 こんなにまずくては だれも食べないはずです。 (It can't be expected that anyone will eat it if it tastes this bad.)

(4) 研究によって はっきりしている (it has been made clear by the research)

によって (due to, owing to, by)

The function of によって is the same as で, but it is more formal than で.

1 この公園は山田さんの努力 （どりょく＝effort） によって作られたものです。 (This park was built through Mrs. Yamada's effort.)

2 たくさんの車から出るガスによって 町の公害がひどくなっている。 (Pollution in this

town is worsening due to the gas fumes emitted from all the cars.)

cf. 日によって違う (it differs depending on the day)

cf. X によると　according to X

(5)書く <u>必要(が)ない</u>　(it is not necessary to write / there is no need to write)

　　必要 (necessity)

　　必要だ: This is preceded by a noun, noun phrase or noun clause such as:

　　　　　紙が必要だ。(We need some paper.)

　　　　　見ることが必要だ。(It is necessary to look at.)

　　必要がある: This is preceded by a verb such as:

　　　　　見る必要がある。(There is a necessity to look at. / It is necessary to look at.)

　　　　　見る必要はない。(There is no necessity to look at. / It is not necessary to look at.)

　　必要なもの　 (necessary things)

　　必要が／のないもの＝必要じゃないもの　 (unnecessary things)

1 あの人の荷物は調べる必要がある。(We need to examine his luggage.)

2 先生に相談してみる必要があったから先生のおたくに電話をかけてみた。(It was
necessary to talk it over with the Professor, so I telephoned his home.)

3 その店で買い物をするのにはIDが必要ですが、今日持って来るのを忘れました。
 (We need an ID in order to shop at that store, but I forgot to bring it with me today.)

4 青木さんは必要のない物ばかり買う。　 (Mr. Aoki buys nothing but unnecessary things.)

(6)分かりやすい<u>もの</u>もあれば、分からない<u>もの</u>もある。(There are things which are easy to
understand, and there are also things which we don't understand.)

　　This is very close to わかりやすいものも、わからないものもある。

　　The two constructions differ in style and in tone, the former being a bit more formal.

1 朝早く起きる日もあれば、十時ごろまで寝ている日もある。(There are days when I get up
early in the morning, and there are also days when I sleep until about 10:00 am.)

2 学生の中にはよく勉強する人も居れば、遊んでばかりいる人も居る。(Among the
students there are those who study hard and there are also those who do nothing but play.)

● Grammar and Usage Exercises ●

1．何と（何て）〜だろう（でしょう）！

　例　これはしょっぱい／しおからいスープです。

　　　➡これは<u>何と（何て）</u>しょっぱいスープ（<u>なん</u>）<u>だろう</u>！

＊今日はひどい天気です。

＊ここは便利な町です。

＊あの人はあたまがいい。

＊祖父 _(そふ) は元気だ。（元気なんでしょう）

＊あの学者はおもしろい本を書く。

＊あの先生ははやく話す。

2．〜くらい（のもの）だ

　例：友達の中にタバコをすう人がたくさんいますか。

　　　➡いいえ、タバコを<u>すうのは</u>中川君<u>くらい（のもの）</u>です。

＊日本でもたくさんの人がピストル（＝guns）を持っていますか。

＊アメリカで知られている日本人はたくさんいますか。

＊日本人は便利な物をたくさん発明 _(はつめい) しましたか。

3．〜くては（ては）

　例：食べない／おいしいかまずいか分からない。

　　　➡<u>食べなくては</u>、おいしいかまずいか分からない。

＊習ったことばを使わない／忘れてしまう。

＊病気になってしまう／テニスが出来ない。

＊かぎがない／そのはこはあけられない。

＊そんなに高い／私は買えない。

４．Ｎ によって

　　例：その学者が研究した／漢字の古い発音が分かった。

　　　➡ その学者の研究<u>によって</u>、漢字の古い発音が分かった。

＊コンピューターが発達した／仕事がはやくできるようになった。

＊ライト兄弟がひこうきを発明した／人は空をとべる（とぶ＝ fly）ようになった。

＊このくすりを飲む／その病気がなおる。

５．必要がある（ない）　必要だ（じゃない）

　　例：かぜをなおしたかったら、どんなことを<u>する必要がありますか</u>。

　　　➡ かぜをなおしたかったら、くすりを<u>飲む必要があります</u>。

＊けんこうになりたかったら、

＊日本の新聞が読めるようになりたかったら、

＊社長の山田さんに会いたかったら、

＊本を読んだり遠くのものを見たりするのに、

＊手紙を出す時に必要なものは、

＊必要がなくなったものは、

６．〜もあれば　…もある

　　例：世界には中国のように広い国／シンガポールのようにせまい国

　　　➡ 世界には、中国のように<u>広い国もあれば</u>、シンガポールのように<u>せまい国も</u>
　　　　<u>ある</u>。

＊この大学には科学を勉強する人／哲学を学ぶ人

＊インドネシアにはイスラム教を信じる人／ヒンズー教を信じる人

＊自分のペットとして犬の好きな人／ねこの好きな人

● Translation Exercises ●
■ Japanese → English ■

1. a. ここは<u>何と</u>自由 (じゆう) な社会<u>なんだろう</u>！　しかし自由すぎるのがいいことか

　　どうかは問題だが。

　b. この犬は<u>何てかわいいんでしょう</u>！

2. あの学者は「本のむし」のような人で、いつもつくえの前にすわって、本ばかり読ん

　でいる。本を読まないのは、寝ている時<u>くらいのものだろう</u>。

3. 自分で<u>やってみなくては</u>、料理のむずかしさと楽しさは分からない。

4. 乗り物の<u>発達によって</u>、昔に比べてずっとみじかい時間で遠くまで行けるようになっ

　たが、その点で私達の時間は多くなったはずなのに、私達の生活はむしろ以前より

　忙しくなってしまった。

5. 私達が、外国人の考え方について考える場合には、自分が当たり前だと思っている

　ことも、その国の人達には当たり前ではないのかもしれないと<u>考えてみる必要が</u>

　<u>ある</u>。

6. 学者の中には、小、中学校で教える漢字を少なくすることに賛成する<u>人もいれば</u>、反

　対する<u>人もいる</u>。

■ English → Japanese ■

1. a. <u>What a kind-hearted person Urashima is!</u>　He saved my life when I was tormented by the

　　village children.

　b. <u>How strange that dream was!</u>

2. Among the kanji we usually use, 働 <u>is just about the only kanji</u> that was made in Japan.

3. <u>If you don't go to Japan</u>, you will not be able to understand the Japanese way of life easily.

4. We are able (came to be able) to talk to people who are in distant places <u>by virtue of Bell's</u>

　invention of the telephone.

75　　　　　　　　　　　　　　　　　　　　　**Lesson 6**

5. In Judo <u>it is necessary to</u> use not only your own power but also the power of the opponent.

6. Among Japanese loan words <u>there are</u> words like *arubaito* that came from German a long time ago, <u>and</u> <u>there are also</u> English words that come newly into Japanese almost every day.

● Questions ●

1. どうしてアメリカ人にはフランス語などに比べて日本語は習いにくいのですか。

2. 漢字以外に日本が中国から輸入したものがありますか。

3. 漢字の音、訓というのは何ですか。

4. 以前、ある時代には桜を「左久良」などと書いていましたが、それはどうしてですか。

5. ひらがな、カタカナはどのようにして出来上がりましたか。

6. 社会とか哲学などのことばは、もともと日本語の中にありましたか。

7. 漢字の特徴について説明しなさい。

8. 文字以外の特徴としては、どんなことがありますか。

9. 敬語というのは何ですか。

10. 日本語にはどんな特徴があるか、あなたの考えを話しなさい。

● Writing Exercise ●

Why should one study foreign languages? As part of your answer, compare the characteristics of English with those of at least one other language.

7. 民族について
On Ethnic Conflict

● **Main Text** ●

「白人の男性、ブロンド、背は６フィート、年は２５才くらい」
たとえば、人を殺して逃げている犯人について、アメリカの新聞で説明す
ると、こんなふうに書かれるだろう。しかし、これが日本であれば、人種
やかみの色の説明は必要ない。特別な場合をのぞけば、はだの色はだいた
い同じで、かみの色もお年寄り以外は黒しかないからである。　　　　　　5

これは、日本という国が、ほとんど日本民族だけによって<u>出来上がっ
ている</u>１こと、これと反対にアメリカは色々な人種や民族から作られてい
るということを示している。アメリカに来たばかりの日本人が、車のめん
きょを取る場合などに目の色は？と聞かれると、いったい自分の目の色は
黒だろうか、茶色だろうかと考えて、困ってしまう。日本語でも、白人に　10
ついて「青い目の外国人」ということばを使うことはあるが、普通日本人
は目の色など考えたこともないのである。

そんな日本人でもアメリカに人種問題のあることは知っている。テレビ
や映画や音楽を通してアメリカを知っているし、アメリカを旅行する人も
多い。しかし、アメリカ人と言った時に、普通の日本人が考えるのは、白　15
人と黒人の二種類くらいのものであろう。実際には、ヒスパニックとかア
ジア系とかユダヤ系とかのさまざまな人種や民族がいることは日本人はあ
まり考えないのである。

アメリカは多民族国家だと言われる。色々な民族がいるという点では、
中国や元のソ連も同じであり、そこでは民族の間の問題が少なくなくて、　20
中には<u>独立したがっている</u>２民族もいる。

特に東ヨーロッパは昔から民族問題の多い所だったが、９０年代に入っ
てユーゴスラビアでは大きな戦争が起きた。これによって、私達はあらた
めて民族問題の大切さとむずかしさを知ったのである。

　以上の国と比べると、アメリカの場合は少し質が違う。アメリカは、
歴史的に₃移民の国であり、今でも外国からたくさんの人々がやって来
て、その人々が「アメリカ人になる」のである。国としての歴史はみじか
いが、まったく新しい国家の形を示すものだと言える。外国人が日本人に
なることはむずかしいが、アメリカ人になることは、それに比べればやさ
しい。アメリカで生まれれば、だれでもアメリカの国せきが持てるし、あ
る条件があれば、外国人もアメリカ人になれるのである。

　始めに書いたように日本人は、そのほとんどが日本民族であり、しばし
ば「日本は一つの民族から出来上がっている」と言われる。この言い方が
まったく間違っているとは言えないが、日本にも数は多くなくても、別の
民族がいっしょにくらしていることを忘れてはならない。それは中国人で
あり、韓国人であり、さらに今ではとても少なくなってしまったが、アイ
ヌと呼ばれる民族である。

　中国人は日本に十万人ほどいると言われ、横浜 (よこはま) や神戸 (こう
べ) に大きなチャイナタウンを作っていて、かなりの経済力を持ってい
る。しかし「中国系日本人」ということばが使われないことからも分かる
ように、中国人と日本人の間にはまだ区別が残っている。また七十万人も
いると言われる韓国人も大きな経済力を持ち始めているが、昔から差別を
受けてきた長い歴史があり、今でもまだ社会的にも法律的にも大きな問題
が残っている。韓国人の子供が、差別を受けないように、日本人の名前で
小学校に通うこともまだあると言われている。またある有名な小説家は、
自分が韓国人であることを死ぬまでかくしていたそうである。このような
ことが**事実だとすれば**₄、大変残ねんである。

　アイヌは古くは日本の北の方に住んでいたと言われているが、今では北
海道にしか住んでいない民族である。アイヌと日本人との関係は、イン
ディアンとアメリカに来たヨーロッパ人との関係に似ている。つまり、ア
イヌは日本人に土地を取られ、生活の仕方もだんだん日本人のようになっ

ていき、今ではアイヌ語を話せる人はほんの少ししかいなくなってしまった。北海道を旅行すれば分かることだが、北海道には変わった名前の町が多い。サッポロとかトマコマイとかノボリベツとか、これらは漢字を当てて書かれることも多いが、みなアイヌ語である。

　さらに最近では、日本に働きに来る外国人も多くなった。中国（以前から日本にいる中国人とは別に）やフィリピンなどの近い国々からばかりではなく、バングラデシュやイランなどからも**やって来る**5。これらの国の人々は、給料が安くて日本人があまりやりたがらないような仕事をしている場合が多い。そしてビザが切れても日本に残って働き続ける人が多いため、大きな問題になっている。これから、このような人々の数はふえることはあっても、へることはある**まい**6。これらの人々がもう日本の経済の必要な一部分になっているからである。

　以上のように、日本にもさまざまな民族問題がある。長い歴史を持つものもあれば、最近になって出てきて日毎に大きくなっていく問題もある。日本の政府や社会が、これらの問題について考える場合に、多民族国家であるアメリカの経験 (けいけん) が日本にも役に立つのではないだろうか。

● Vocabulary and New Kanji ●

page 77

民 みん

	民族 （みんぞく）	ethnic group; nation; people
1	白人 （はくじん）	white (man); Caucasian
		cf. 黒人 （こくじん） black (man)

性 せい　　　　　　　sex

男性 （だんせい）	man; male cf. 女性 （じょせい） = woman; female
ブロンド	blond haired

背 せ／せい　　　　height; stature

フィート　　　　feet

才 さい　　　　　　~year(s) old　（＝歳 さい）

2　逃 にげる　　　　escape; flee; run away

犯 はん　　　　　　　（犯罪 はんざい ＝ crime）

	犯人 （はんにん）	criminal; murderer; robber etc.
3	人種 （じんしゅ）	race
4	のぞく （除く）	exclude
	はだ （肌）	skin
	以外 （いがい） は	except
6	ほとんど	almost
	（Xによって／から）	
	出来上 （できあ） がっている	consist of; be made up of (X)
8	（～した） ばかりの （人）	(a person who) just (did ~)
	めんきょ （免許）	license
9	いったい	what on earth; how in the world; [here, (what color) could (they) possibly be?]

11　普 ふ

	普通 （ふつう）	ordinary, average
12	…など	the likes of ….
14	楽 がく	cf. 楽 （たの） しい Lesson 4
14	音楽 （おんがく）	music cf. 語学 （ごがく） = study of languages
	（Xを） 通 （とお） して	through (X)

80

16	際 <u>さい</u>	
	実際 (じっさい) には	in fact; really; actually
	ヒスパニック	Hispanic
17	系 <u>けい</u>	of ... descent cf. 糸 <u>いと</u>＝thread
	アジア系 (けい)	Asian (-American)
	ユダヤ系 (けい)	(American) Jew
		cf. ユダヤ人 (じん) ＝Jewish people
19	多民族国家 (たみんぞく こっか)	multiracial nation （国家＝nation; state）
20	元 (もと) の	former （元は＝formerly）
	連 <u>れん</u>	cf. 国連 (こくれん) ＝UN
	ソ連 (れん)	Soviet Union
21	独立 <u>どくりつする</u>	become independent cf. 立 (た) つ＝stand up

page 78

1	９０年代 (ねんだい)	1990s
2	ユーゴスラビア	Yugoslavia
	戦争 <u>せんそう</u> （が起きる）	war (breaks out)
	あらためて （改めて）	anew
4	質 (しつ)	quality
5	歴史 (れきし)	history
	移 <u>い</u>	cf. 移 (うつ) る＝move
	移民 (いみん)	immigrant
	やって来 (く) る	come over; come along
9	だれでも （～する）	anybody (does ~) See Lesson 11, note 1
	国 (こく) せき	nationality
10	条件 <u>じょうけん</u>	condition
11	書いたように	as I wrote
	しばしば	very often; frequently
13	間違 (まちが) っている	wrong; incorrect; mistaken
	数 <u>かず</u>	number
15	さらに	furthermore
18	チャイナタウン	Chinatown ＝中華街 (ちゅうかがい)
	済 <u>さい</u> <u>ざい</u>	

	経済力 （けいざい　りょく）	economic power
21	差 さ	difference
	差別 （さべつ）　（する）	discrimination
22	受 うける	receive
	律 りつ	
	法律 （ほうりつ）	law
24	（に）通 （かよ）う	go to (school, one's office); commute
	小説家 （しょうせつか）	novelist; writer cf. 小説 =story, novel
25	かくす	hide
26	事実 （じじつ）	fact
27	古 （ふる）くは	in former times
	北海道 （ほっかいどう）	northernmost of the four islands of Japan
28	インディアン	native American

page 79

1	ほんの （少し）	only (a few)
2	変 （か）わった	strange ＝変な
3	これら （の）	these cf. それら （の） = those
6	フィリピン	Philippines
7	バングラデシュ	Bangladesh
	イラン	Iran
8	給 きゅう	
	給料 （きゅうりょう）	salary
9	ビザが切 （き）れる	visa expires
	～し続 （つづ）ける	continue to do ~; keep doing ~
10	ふえる	increase v.t. = ふやす
11	へる	decrease v.t. = へらす
14	日毎 （ひごと）に	day by day
		cf. ～毎 （ごと）に＝every~
		e.g. 二日毎に= every 2 days
15	政府 せいふ	government
16	役 やく	cf. 役者＝ actor　役人＝ government official
	役 （やく）に立 （た）つ	be useful; be helpful

● Grammar Notes ●

(1) 出来上がっている (is made up of / is composed of / has been completed)

X から(によって) 出来ている (is made up of X, is composed of X)

X で出来ている (is made of X)

X は出来ている。(X has been completed, X is ready)

int. V ＋ 上がる／trans V ＋ 上げる (finishes doing, completes action)

1 アメリカは五十の州から出来ている。(The United States comprises fifty states.)

2 このふねは一本の木から出来ている。(This boat is made from a single tree.)

3 この建物の屋根は　金で出来ています。(The roof of this building is made of gold.)

4 石で出来ている家を見たことがありますか。(Have you ever seen a house made of stone?)

5 注文なさった洋服はもう出来上がっています。(The dress you ordered has been finished.)

(2) 独立したがっている (wants / is anxious to become independent)

adj ＋ がる describes desires or feeling of someone other than the speaker.

1 むすこはそんな自転車をほしがっている。(My son badly wants a bicycle like that.)

2 山本さんが買いたがっている車はこんな車です。(This is the kind of car Ms. Yamamoto is anxious to buy.)

3 花子さんははずかしがって部屋に入ろうとしませんでした。(Embarrassed, Hanako wouldn't go into the room.)

4 あの人は何でもこわがります。(He is afraid of everything.)

cf. かわいがっていたねこが居なくなってしまった。(My beloved cat has gone and is missing.)

(3) 歴史的に (historically)　歴史的な (historical)

的 can be added to many nouns to form a na-N or, when used with に, an adverb.

アメリカ的な考え方 (way of thinking that is American.), 社会的な問題 (social problem), 女性的な美しさ (feminine beauty), アメリカ的に考える (think in an American way)

1 山本先生は世界的に有名な医者です。(Dr. Yamamoto is a world renowned doctor.)

2 その考え方はずいぶん日本的ですねえ。(That way of thinking is very Japanese.)

3 私の生活は経済的にくるしい生活です。(Financially my life is very difficult.)

(4) 事実だとすれば／したら (if one assumes that it is a fact)

1 ここからニューヨークまで二時間かかるとすれば、八時にはここを出なければならない。(Assuming that it takes 2 hours from here to New York, we must leave here at 8 o'clock at the latest.)

2 よばれた人が全部パーティーに来るとすれば、いすが足りません。(Assuming that everyone who has been invited will come to the party, we won't have enough chairs.)

(5) やって来る (come, often from afar)

1 あらしがやって来た。(A storm rolled in.)

2 春になって、この湖（みずうみ）にやって来る鳥は、秋になると暖かい方へ飛（と）んで行ってしまいます。 (The birds that come to this lake in the spring will fly away to warm places in the fall.)

3 青木さんがやって来ますよ。(Look! Mr. Aoki is coming.)

(6) Xがへることはあるまい (There is little possibility that X will ever decrease.)

　　　Xはへるまい (I believe X will probably not decrease.)

まい can be used with V. adj or N. It is a negative like ない, but it expresses feeling, belief, judgement, or conviction of the speaker and it is more formal and stronger than ないだろう. Using ことはあるまい instead of just まい gives the sentence a feeling of formality and indirectness.

　　行くまい　　　　　行くことはあるまい
　　高くあるまい　　　高いことはあるまい
　　病気じゃあるまい　病気のことはあるまい

When まい is used with the first person without ことはある, it indicates his or her firm will or determination. (To soften the tone, まい is often followed by と思う.)

Verb ＋まい

1 あのレストランには行くまい。(I will never go to that restaurant.)

　あのレストランには行くことはあるまい。(I will probably not go to that restaurant.)

2 人の悪口はもう言うまいと思う。(I don't think I will speak ill of others again.)

3 雨は降るまい。／ 雨が降ることはあるまい。(I believe it will probably not rain.)

　cf 雨は降らない (It will not rain.)

4 山本さんは今日は来るまい。／山田さんが今日来るとことはあるまい。

　(I bet / believe Mr. Yamamoto will not come today.)

Before まい with U verbs, use citation form. With RU verbs, use either citation form or stem: thus 食べるまい or 食べまい. The form for the irregular verbs are 来るまい or 来(こ)まい; するまい, しまい or すまい

Adj ＋まい　N.B. 高い→高くない →高くある→高くあるまい

1 駅はここから遠くあるまい。／遠いことはあるまい。(The station couldn't possibly be far from here.)

2 あの店のものだったら悪くはあるまい。／ 悪いことはあるまい。

　(If it is from that store, it can't posssibly be bad.)

　cf. 悪くない (It is not bad.)

Noun ＋まい　N.B.病気だ→病気で(じゃ)ない→病気である→病気では(じゃ)あるまい

1 山田さんは病気じゃあるまい。／山田さんが病気のことはあるまい。

　(I don't think that Mr. Yamada is sick.)

　cf. 山田さんは病気じゃない。(Mr. Yamada is not sick.)

2 昨日頼まれた仕事は大した仕事ではあるまいと思う。(I don't think the work I was asked to do yesterday would be very difficult work.)

84

● Grammar and Usage Exercises ●

1．出来（上がっ）ている

　　例：日本には四つの大きな島（しま＝island）がある。

　　　➡ 日本は四つの大きな島<u>から出来上がっている</u>。

＊このつくえは 石（いし＝stone）で<u>作ってある</u>。

＊この大学には十の学部（がくぶ＝department）がある。

＊あの本にはテキストと練習問題の二つの部分がある。

2．〜がる

　　例：友達は最近の日本の音楽を聞きたい（と言っている）

　　　➡ 最近の日本の音楽を<u>聞きたがっている</u>。

＊祖母は自分のそだった町へ行きたい（と言っている）

＊父はその歌手のCDがほしい（と言っていた）

＊兄は、以前から取りたい（と言っていた）飛行機（ひこうき）のめんきょが取れて喜ん

　でいる。

3．〜的に（的な）

　　例：日本とアメリカは経済<u>の点で</u>関係がふかい（＝deep; close）。

　　　➡ 日本とアメリカは<u>経済的に</u>関係がふかい。

＊アメリカは民族の点でふくざつである。

＊日本と韓国は文化の点で似ている部分が多い。

＊日本的な部屋というのはどんな部屋ですか。

＊日本人の生活の仕方の中にも西洋的なところがありますか。

＊どんな手紙の書き方が　日本的な書き方でしょうか。

　　　　　　　　　　　　　　Lesson 7

４．Ｖ とすれば

例：今、海で泳ぐとすれば、どこへ行ったらいいでしょうか。。

➡ 今、泳ぐとすれば、ハワイへ行ったらいいでしょう。

＊世界中を旅行するとすれば、いくらぐらいお金が必要ですか。

＊どんな所へでも行けるとすれば、あなたはどこへ行きたいですか。

＊もし、あと一日しか生きられないとすれば、（死ぬ前に）何をしますか。

５．やって来る

例：日本から友達が来た。➡ 日本から友達がやって来た。

＊ほかの星（ほし＝star）から、変な乗り物に乗った人が来た。

＊山下さんは九州の一番南から東京まで自転車に乗って来た。

６．〜まい

例Ａ：今日、私はクラスで寝てしまって、はずかしかったから、

➡ もうクラスでは寝るまい。(will never)

＊先日、木村君に私の本を貸したら、なくしてしまったから、

＊あの店で、むしの入ったラーメンを食べさせられたから、

例Ｂ：今日は雨は降らないだろう。 ➡ 今日は雨は降るまい。(will probably not)

＊その学生は病気だそうだから、今日は来ないだろう。

＊母はこんなプレゼントをもらっても喜ばないだろう。

＊あの店のものは安くないだろう。

＊子供が読んでいるからこの本はむずかしくないだろう。

＊木村君は毎日学校へ歩いて来るから、彼の家は学校からあまり遠くないだろう。

＊水田さんはチョコレートはきらいじゃないだろう。

＊あの車は西田君の車じゃないだろう。

＊水田さんは料理は下手じゃないだろう。

● Translation Exercises ●
■ Japanese → English ■

1. チェコスロバキアは１９９２年まではチェコとスロバキアの二つの部分<u>から出来上が</u>
   <u>っていた</u>が、今ではそれぞれ独立して二つの国になっている。

2. 立川君は以前からフランスに<u>行きたがっていた</u>が、仕事の都合でこの夏から一年間パ
   リで生活することになったそうです。

3. a. 人種や民族によって、一部（分）の人々を<u>法律的に</u>差別している国がまだある。

   b. 日本の中で最 _(もっと) も<u>日本的な</u>（日本らしい）町はどこで、また最も<u>西洋的な</u>

   町はどこでしょうか。

4. 文字の目的が、ほかの人に何かを伝える事だ<u>とすれば</u>、文字はできるだけ簡単で、分
   かりやすいものである必要がある。

5. そのインディアン達が遠くから馬に乗って<u>やって来る</u>のが見えた。

6. a. 外国人がアメリカの土地を買うことは、法律的には問題は<u>あるまい</u>が、アメリカ
   人の中にはそれをいやがる（＝dislike）人もいる。

   b. このテレビは先日なおしたばかりなのに、またこわれてしまった。この会社の物
   は　もう二度と（＝again）<u>買うまい</u>。

■ English → Japanese ■

1. America <u>is made up of</u> fifty states now, but it was made up of thirteen states when it had just
   become independent.

2. I bought my son the toy that <u>he had wanted so much</u>, but when I gave it to him, he said he
   wanted another one.

3. a. <u>Ethnically</u>, Eastern Europe is a very complicated region.

   b. There are <u>Japanese ways</u> of doing things. For example, when you want to do something new
   in a company, before you call a meeting (＝会議_{かいぎ}をひらく), you have to meet ahead

of time with the people who have the power [to make decisions] and thoroughly （＝十分に）

explain the idea to them in order to gain their agreement （＝賛成_{さんせい}してもらう）.

4. <u>If I were to lead a life</u> in Tokyo now, how much money would I need per month?

5. I was surprised at my friend's <u>coming to my house</u> in a high-class car.

6. a. Because he had a Japanese test the next day, I had thought <u>he would probably not come</u> to the

    party, but he came and drank a lot of wine.

  b. <u>I think I will not say</u> that kind of thing again.

● Questions ●

1. 新聞などで、ある人について説明する時に、日本とアメリカとではどう違いますか。

2. 自分の目の色は何色かと聞かれて、日本人はすぐ答えられますか。

3. 中国や元のソ連は多民族国家ですが、それぞれどんな民族がいますか。そしてどん

  な問題がありますか。

4. そのほかに世界にはどんな民族問題がありますか。

5. 元のソ連とアメリカは民族という点で、どう違いますか。

6. 日本には一種類の民族しかいないと言ってもいいでしょうか。

7. 日本にいる韓国人、中国人について説明しなさい。

8. 日本では最近どんな民族問題がおこっていますか。

9. 一部の日本人はイラン人などの外国人が日本に働きに来ることをいやがりますが、そ

  れはどうしてでしょうか。また、それについてあなたはどう思いますか。

10. アメリカにはどんな民族問題がありますか。どうしたら、そんな問題がなくなるで

  しょうか。

● Writing Exercise ●

Write about an ethnic or racial problem in the U.S. or in another country or (countries) that you

are interested in.

8. 一寸法師

Issun Bōshi

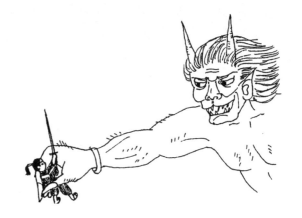

● Main Text ●

　昔、ある所に、おじいさんとおばあさんが住んでいた。年を取っても子供がいなかったので、「<u>どんなに小さくても</u>₁いいから、子供が一人あったらいいのになあ」と考えて、さびしくくらしていた。そして、子供が生まれますようにと神様に毎日お祈りをしていた。すると、ある日、おばあさんのおなかがいたくなって赤ちゃんが生まれた。しかしそれは小さ　₅い小さい男の子で、体の大きさが手の親指ぐらいしかなかった。それでも二人は喜んで、一寸法師と名を付けて、かわいがった。

　ところが、一年たち、二年たっても、一寸法師はまったく大きくならない。<u>病気をしたわけでもない</u>₂のに、大きくならないのはなぜだろう。十二、三になっても、生まれた時と大きさは変わらなかった。二人は<u>心</u>　₁₀<u>配にもなり、またがっかりもした</u>₃。毎日のように村の子供達に「ちび、ちび、カエルに飲まれてしまえ」とばかにされて帰って来るのであった。

　ある日、一寸法師はおじいさんとおばあさんの前にすわって、こう言った。「長い間お世話になりましたが、私は都へ出て、色々な経験をしてみ　₁₅たくなりました。おじいさん、おばあさん、必ずりっぱなおとなになってもどってまいりますから、どうか行かせて下さい」
　おじいさん達は、いなかの村でばかにされる子供が、都へ出て何ができるのだろう、と思ったが、何度も頼むので都へ行かせてやることにした。

　一寸法師はおばあさんからはりを一本もらい、それを刀にし、みそしる　₂₀のおわんをぼうしにし、はしをつえとして持って行くことにした。おじい

　　　　　　　　　　　　　　　　　　　　　　　Lesson 8

さんとおばあさんは村のはずれまで一寸法師を見送って、こう言った。
「気を付けて行くんだよ。都へ行くのには、この道をまっすぐ行って、川
に出たら、その川をどんどんのぼって行くんだよ」

　一寸法師は言われた通り、歩いて行き川に着くと、おわんをボートにし
て、はしでこぎ始めた。おわんのボートに乗って、何日か川をのぼるうち
に、家がだんだん多くなって来た。都の中心と思われるあたりに、彼が着
いたのは、家を出てから六日目だった。都はいなかと違って大変にぎやか
で、美しい着物を着た人々が右に左に歩き回っていた。そればかりではな
く、時々目の前を通る、牛に引かれた大きな車が、彼にはとてもめずらし
かった。一寸法師は人の足でふみつぶされないように、気を付けながら歩
かなければならなかった。

　しばらく行くと、大臣様の家らしい大きなおやしきの前に出た。
「このおやしきなら私に出来る<u>仕事があるに違いない</u> 4」そう考えて、
門を入り、「ごめんください」と声をかけた。すると中から、ひげをはや
した強そうな男の人が出て来た。声がしたのに誰もいないので、変だと
思っていると、一寸法師がまた大きな声でこう言った。
「ここにおります。げたの横におります。ふみつぶさないようにお気をお
付け下さい」
この男の人が、一寸法師を手にのせて「お前のような者が、何の用があっ
てここへ来た」と聞くと、彼は都へ出て来たわけを説明した。それから
「ちょっと失礼 (しつれい) ！」と言って、はりの刀をぬくと、飛んでいた
ハエをぶすりとさして、つかまえてみせた。

　こうして、その日からここで働くことになった。彼の思った通り、この
家はその頃 (ころ)、都で最も力のあった大臣様のおやしきだった。一寸法
師の仕事は、大臣様のおひめ様の、勉強をお手伝いすることだった。おひ
め様は心のやさしい大変美しい方で、彼のことがとても気に入 (い) って
いつもおそばにお置きになった。一寸法師はおひめ様といっしょに自分も
読み書きを習うことが出来た。

　そして何年かたった。ある日のこと、おひめ様はどんな願い事があった
のだろうか、清水寺 (きよみずでら) へお出かけになった。この時も、もちろ

ん一寸法師を連れていらっしゃった。お寺から帰る途中で、人のあまり通らないさびしい所を歩いていると、急に空が暗くなって、大きなおにが一匹飛び出して来た。

「今日こそは₅、ひめをいただいて行くぞ！₆」おにはそう言って、
おひめ様の着物をつかんで無理やり連れて行こうとした。

5

「おい！そうはさせないぞ！私が相手だ」
「何だ？お前みたいに小さい者が、なまいきだぞ！食べてやる！」そう
言って、おには一寸法師をごくんと飲みこんでしまった。しかし、おにに
飲みこまれた一寸法師は、はりの刀でおなかの中を何度もつきさした。
「いたい、いたい、お願いだからやめてくれ！」

10

一寸法師はおにのはなのあなからぽんと出ると、今度はおにの目を右も左
もつきさした。おには「目が見えない、助けてくれ！」そう言って、山の
方へ逃げて行った。

おには、ぴかぴか光る、こづちを残して行った。
「おひめ様、これがおにのたから物「うちでのこづち」でございますね」

15

「そうです。これをふれば、どんな願い事もかなうと言われています」
「おひめ様、では、さっそくふってごらん下さい」
「いいえ、そのこづちは、お前が自分で戦って取ったものです。お前のた
めに使いましょう。お前は何がほしいのですか」
「ほしい物は特にありませんが、ただ、背がこんなにひくくては、不便

20

で仕方がありません₇。もう少し背が高くなったらいいのですが」

それを聞くと、おひめ様は、こづちをおふりになった。すると一寸法師
の背が少し高くなり、続けておひめ様がこづちを二度、三度とおふりにな
るたびに彼の背がどんどん高くなった。そして最後に一寸法師はりっぱな
若者になった。

25

二人がおやしきにもどって、この話しを伝えると、大臣様も大変お喜び
になった。一寸法師がおひめ様を助けたという話しは、都中（じゅう）の話
題になり、彼の名を知らない者がないほど彼は有名になった。その後、一
寸法師はまじめに働き、地位も高くなり、おひめ様と結婚（けっこん）し、
いなかで待っていたおじいさんとおばあさんを都に呼んで、みんなで幸せ

30

にくらした。

Lesson 8

● Vocabulary and New Kanji ●

page 89

	寸 すん	一寸＝approximately 1/10 foot
	師 し	teacher
	法師（ほうし）	Buddhist priest
1	年（とし）を取（と）る	grow old
3	さびしい	lonely
4	神（様）かみ（さま）	God; god(s)
	祈 いのる	pray（＝お祈りをする）
6	指 ゆび	finger
	親指（おやゆび）	thumb
8	ところが	however
11	（X に）がっかりする	be disappointed (at X); be disheartened
	ちび	dwarf; midget; shrimp;[nickname] Shorty
12	カエル	frog
	飲（の）まれてしまえ	しまえ＝ an imperative form of しまう
	（Xを）ばかにする	make a fool of (X); make fun of (X)
15	お世話（せわ）になる	be taken care of; be looked after (by someone)
	都 みやこ	[lit.] capital cf. 首都（しゅと）
		東京都（とうきょうと）＝Metropolitan Tokyo
16	おとな（大人）	adult
17	どうか	I beg you, please, somehow or other
20	はり（針）	needle
	刀 かたな	sword cf. 力（ちから＝power）
21	（お）わん（碗）	bowl
	つえ	walking stick; staff, cane

page 90

| 1 | はずれ | outskirts |

92

	見送 (みおく) る	send (someone) off
3	どんどん	on and on; keep doing ~; rapidly
4	～通 (とお) り	exactly as ~　cf. ように
5	こぐ	row
6	あたり	vicinity; neighborhood; around a (place)
	彼 かれ	he　cf. she = 彼女 (かのじょ) they = 彼ら
7	にぎやか（な）	lively; bustling
9	引 (ひ) く	pull
	めずらしい	rare; new; curious; unusual
10	ふみつぶす	step on and crush; trample ~ under one's feet
12	臣 しん　じん	
	大臣（様）(だいじん　さま)	minister (of state)
	（お）やしき	mansion; residence
14	声 (こえ) をかける	call out; say (hello)
	ひげをはやす	grow a beard
15	声 (こえ) がする	one hears a voice
		cf. 音がする (one hears a sound)、
		においがする (one smells a smell)
	誰 だれ	who
19	のせる	put [lay] ... on / in
	お前 (まえ)	you [used by a superior to an inferior]
20	わけ	reason
21	失 しつ	cf.　失 (うしなう = lose)
	礼 れい	courtesy; etiquette　（お礼を言う = thank)
	失礼 (しつれい)（します）	excuse me　cf. 失礼な = rude
	ぬく（抜く）	pull out; unsheathe
	飛 とぶ	fly; jump　（飛行機 ひこうき = airplane)
22	ハエ	fly [insect]
	ぶすりと	(stab) hard and deep
	さす	stab; pierce

	つかまえる	catch; arrest
23	～することになった	it was decided that ~ ; it came about that ~
24	頃 <u>ころ</u>	the time; approximate point of time
25	（お）姫 _(ひめ) 様	princess; young lady of noble birth
27	置 <u>おく</u>	put, place
28	読 _(よ) み書 _(か) き	reading and writing
29	願い事 _(ねがいごと)	wish; desire; prayer; [here: a wish whose fulfillment the minister's daughter wanted to pray for at Kiyomizudera]
30	寺 <u>てら</u>	temple
	清水寺 _(きよみずでら)	a famous temple in Kyoto

page 91

2	おに	demon; goblin
3	飛 _(と) び出 _(だ) す	jump out
5	つかむ	seize; take hold of
	無理 _(むり) やり	by force （＝無理に）
7	なまいき（な）	impudent; impertinent; audacious; cheeky
8	ごくんと	with a gulp
	飲 _(の) みこむ	swallow
9	つきさす	stick; stab; thrust
10	お願 _(ねが) いだからやめてくれ	"I beg of you, please! Stop it!"
11	あな	hole （はなのあな = nostril）
	ぽんと出 _(で) る	pop out
14	ぴかぴか光 _(ひか) る	glitter; sparkle; shine
	こづち	small wooden hammer used in ancient times
15	たから物 _(もの) （宝物）	treasure
	うちでのこづち	mallet of luck (analogous to Aladdin's lamp)
16	ふる	shake; wave; swing
	かなう	be fulfilled; be granted
17	さっそく	at once; without a moment's delay

18	戦 <u>たたかう</u>		fight cf. 戦争 _(せんそう) = war Lesson 7
20	ただ		however [usual meaning 'only']
	背 (せ、せい)		height, stature 背がひくい = short
23	続 (つづ) けて		continuously; without interruption
27	話題 (わだい)		topic; subject
29	まじめ (な)		earnest; serious
	位 <u>い</u>		(<u>くらい</u> rank)
			... くらい／... ぐらい
			approximate extent, about ...
	地位 (ちい)		position; rank
	結婚 <u>けっこん</u>する		get married
30	呼 <u>よぶ</u>		call; invite
	幸 <u>しあわせ</u> (な)		fortunate; lucky; happy

● Grammar Notes ●

(1)<u>どんなに小さくても</u> (no matter how small it may be)

   どんな(に)＋adj　どんな(に)むずかしくても(no matter how difficult it may be)

   どんな＋N　どんな子供でも(any child)　(see Lesson 11, Note 1　誰でも)

   どんなに＋V　どんなに食べても(no matter how much one eats)

   どんなに can be replaced with いくら.

1 どんなにせまくてもいいから、自分の部屋がほしい。(It doesn't matter how small it may be, I want my own room.)

2 どんな日本人でもこんな新聞ぐらいは読めます。(Any Japanese can read a newspaper of this sort.)

3 どんなに勉強しても分かりません。(No matter how much I study, I don't understand it.)

(2)<u>病気をしたわけでも[は]ない</u> (it isn't that he got sick)

   .....わけではない(it isn't that)

  病気をする(get sick)

  生まれてから一度も病気をしたことがない。(I've not been sick even once since the day I was born.)

1 自分で見たわけじゃありません。友達から聞いたんです。(It isn't that I saw it myself. I heard it from my friends.)

2 ゆうべコーヒーを飲んだわけでもないのに、なかなか寝られなかった。(It's not as if I drank coffee, but I just couldn't sleep last night.)

(3)<u>心配にもなり、またがっかりもした</u> (He became worried and discouraged at the same time.) Two or more actions occur in the same period of time.

   心配になってがっかりした(He became worried and then became discouraged.)

   心配になったりがっかりしたりした(Alternately he became worried and became discouraged.　Sometimes he became worried and other times he became discouraged.)

1 勉強もよくし、遊びもよくする。(He studies hard and, at the same time, he plays hard.)

   勉強も遊びもよくする。(He studies hard and plays hard.)

2 喜びもし悲しみもした。(He rejoiced. At the same time he was sad.)

(4)<u>仕事があるに違いない</u> (there must be a job)

   V / adj / N ＋に違いない (must be ＋ V / adj / N) (there is no doubt that...)

1 山本さんは今日ここに来るに違いない。(Ms. Yamamoto will come here today for sure.)

2 山本さんの書いた本だったらおもしろいに違いない。(If it is a book written by Ms. Yamamoto, it must be interesting.)

3 山本さんは今日病気に違いない。(Ms. Yamamoto must be sick today.)

4 山本さんは道が分からなかったに違いない。 (It must be that Ms. Yamamoto got lost on the way.)

(5) 今日こそは　　(Today for sure)
こそ is a word to focus the listener's attention on the word that precedes it.
1 「失礼しました。」　「こちらこそ。」　(" I'm sorry." "No, I am sorry".)
2 あれこそ本当のイギリス人だ。 (He is an Englishman, if ever there was one.)

(6) 行くぞ。　(Let's get going! / I'm coming. Get ready!)
　Nだぞ
　V/adj ぞ
　ぞ often expresses the speaker's determination, intention, or strong opinion. It is also used to make warnings. It is informal, colloquial and masculine.
1 これからもっと勉強するぞ。 (I'm going to study more. Everyone hear me? / I bet he is going to study more.)
2 あの店の物は高いぞ。 (I bet the things at that store are expensive.)
3 花子さんに話してもだめだぞ。 (I'm telling you, it'll be useless to talk to Hanako.)

(7) 不便で仕方がない[しょうがない／たまらない]　(It is so inconvenient that I can't stand it.)
　V-て / adj -て / na-N -で ＋ 仕方がない (one is overwhelmed because V / adj / na-N.)
1 うちへ帰りたくて仕方がない。 (I want to go home so much that I can hardly stand it.)
2 山田さんはおくさんに死なれてさびしくて仕方がありません。 (Mr. Yamada lost his wife and he can hardly stand his loneliness.)
3 青木さんはその大学に入れたので、うれしくてたまらない。 (Ms. Aoki is bursting with joy because she was able to get into that college.)
4 このごろつかれて仕方がない。 (These days I get tired so easily. I can hardly take it any more.)
cf. 不便でも仕方がない　(Even if it is inconvenient, there is nothing one can do.)

● Grammar and Usage Exercises ●

1. どんな（に）〜でも

　　例：寒かったら、学校に行かなくてもいいですか。

　　　➡ いいえ、<u>どんなに寒くても</u>、学校に行かなければなりません。

＊自分で料理したものは、まずかったら食べませんか。

＊ねだんが安ければ、必要のないものでも買いますか。

＊じょうぶな人は、病気になりませんか。

＊練習すれば、空を飛 _(と) べるようになりますか。

＊この大学は天気が悪ければ授業 _(じゅぎょう=class) はありませんか。

＊まどやドアのない家がありますか。

2. 〜したわけでも（は）ない

　　例：変なものは食べなかった／おなかがいたくなった

　　　➡ 変なものを<u>食べたわけでもない</u>のに、おなかがいたくなった。

＊あまり勉強しなかった／テストはよくできた

＊あの日本人は酒を飲まなかった／赤い顔をしていた

＊私は頼まなかった／二郎さんは私の仕事を手伝ってくれた

3. （〜も）し、〜もする

　　例：くすりを飲んだし、病院へ行った。

　　　➡ くすり<u>も飲み</u>、病院へ<u>も行った</u>（<u>病院へ行きもした</u>）。

＊手ぶくろをはめたし、ぼうしをかぶった。

＊新しいことばを覚えたし、漢字を練習した。

4. 〜に違いない

　　例：となりの家では今晩パーティーをするそうだから、にぎやかだろう。

➡ となりの家は今晩は<u>にぎやかに違いない</u>。

＊あの時計 _{（とけい）} はスイス(=Switzerland)製だから高いだろう。

＊あの学生はまだクラスに来ていない。まだ部屋で寝ているだろう（病気だろう）。

＊あの外国人はハンバーガーを食べたがっていたから、アメリカ人だろう。

５．～こそ

　例：（今まではあまり勉強しなかったが）今日は（必ず）漢字を覚えるつもりだ。

　　　➡ <u>今日こそ</u>漢字を覚えるつもりだ。

＊（私が悪いのではなく）あなたの方が悪い。

＊（ほかの物ではなく）これが私のほしかったものだ。

６．～ぞ！

　例：休みになったから、たくさん遊ぼうと思う。

　　　➡ 休みになったから、たくさん<u>遊ぶぞ</u>！

＊明日こそ（必ず）間違えまいと思う。

＊僕は大人になったら（必ず）大金持ちになろうと思う。

＊今日は日曜日ですよ。（忘れましたか）

７．～くて（で）仕方がない

　例：おにはおなかをはりでさされたので、

　　　➡ <u>いたくて仕方がなかった</u>。

＊ゆうべ、ぜんぜん寝られなかったので、今朝は、

＊いなかに住んでいるのに車がないから、

＊私は生まれて初めて飛行機 _{（ひこうき）} に乗った時、（➡ うれしい／こわい）

● Translation Exercises ●
■ Japanese → English ■

1. <u>どんなに</u>にぎやかな町<u>でも</u>、その町が静かになる時間があるはずだ。

2. テレビを<u>見過ぎたわけでもない</u>のに、目がつかれているのはなぜだろう。

3. かぎをいくつも<u>かけ</u>、近所の人に<u>頼みもして</u>出たのに、旅行中にどろぼう (=burglar) に入られた。

4. 私が大学をやめて、働き始めたと知ったら、両親は<u>がっかりするに違いない</u>。

5. （今まではテニスの試合(しあい=game)では彼女にまけてばかりいたが）<u>今度こそは</u>まけないぞ！

6. （僕は）今年の夏休みは、毎朝早く起きて、<u>ジョギングをするぞ</u>！

7. 子供の頃は早く大人に<u>なりたくて仕方がなかった</u>が、今はむしろ子供時代にもどりたいと思う。

■ English → Japanese ■

1. Please do not sleep while I am speaking, <u>no matter how tired you are</u>.

2. <u>It isn't that</u> yesterday was a special day like my birthday, yet my husband bought some very pretty flowers for me.

3. <u>I read some books</u> about that religion on my own, <u>and also asked</u> my professor about it, but I still don't understand it very well.

4. My husband <u>must be</u> cooking something good, because there is a good smell.

5. A: Thank you!

   B: No. <u>It's me that</u> should say thank you!

6. <u>I'm going (determined) to</u> study hard in order to become an excellent lawyer （＝べんごし）！

7. I <u>very much (badly) wanted to see</u> her this morning so I suddenly decided to take a day off from work and go to see her.

1. おじいさんとおばあさんは毎日神様にどんなことを祈っていましたか。

2. 一寸法師はなぜ村の子供達にばかにされていましたか。

3. ある日、一寸法師はおじいさん達にどんなことを頼みましたか。それはどうしてですか。

4. どんな物を持って家を出ましたか。

5. 都は一寸法師の生まれた村とはどう違っていましたか。

6. なぜ、りっぱなおやしきの中に入って声をかけましたか。

7. はりの刀でハエをさして殺してみせたのは、どうしてですか。

8. 大臣様のおやしきでどんな仕事をさせてもらえることになりましたか。

9. 清水寺 (きよみずでら) から帰る途中で、どんなことが起きましたか。

10. 村でばかにされていた一寸法師が都に出て、高い地位に付くというすじ(=plot)が、この話しが出来た頃の人々の気持ちを表わしていると考える学者がいますが、そう考えれば、この話しはその頃のどんな人達の、どんな気持ちを表わしているのでしょう。

● Writing Exercise ●

It could be thought that this story expresses a child's desire to grow up quickly. Write about one of your own childhood dreams.

9. 中国への旅
Journey to China

● **Main Text** ●

　僕が<u>中国への旅</u>₁に出て一週間たちましたが、おばあちゃんはお元気ですか。神戸 (こうべ) から船に乗って日本を出たことはご存 (ぞん) じですね。友達が港まで見送りに来てくれました。彼とはけんかをしたことが何度もありますが、小学校からの友達です。わざわざ僕といっしょに新幹線に乗って、東京から神戸まで来てくれたのです。　　　　　　　　　　　　　5

　飛行機で行けば四時間しかかからないとなりの国なのに、船に乗ると、何かとても遠い外国へ行く<u>ような気がしました</u>₂。飛行機に比べて、ねだんが三分の一ぐらいですから、時間があり<u>さえ</u>₃すれば、船の方がいいのではないかと思います。上海 (シャンハイ) までの二日間は、食堂で酒で　10
も飲みながら、楽しい旅をする予定でしたが、雨と風のために船がゆれて、酒によう代わりに船によってしまい、何も食べられずベッドでずっと寝ていなければなりませんでした。船によってしまっては、せっかくの船の旅も長いばかりで、いいことは何もありませんね。

　僕の乗った船は、何百年も前に仏教を伝えるために中国から日本へわた　15
ろうとしたお坊さんの名を取って、「がんじん号」と名付けられていました。がんじんは何度も日本へ来ようとしたのですが、そのたびに、あらしにあったり、風にふかれてずっと南の方に流されたりして、なかなか来られませんでした。何度目かにやっと日本に着いた時には目が見えなくなっていたそうです。それに比べれば僕の旅は楽なものですが、やはりなかな　20
か大変でした。

　今、上海でこの手紙を書いていますが、この後、ここからあまり遠くな

い所にある紹興 (ショウコウ)...日本でも中国料理に使う紹興酒 (しゅ) で有名ですね...などをもう少し回ってから、北京（ペキン）に行き、一年ほどそこで仕事をすることになっています。今、僕の勤めている会社が、中国からの輸入をもっと多くしたがっていて、そのために僕が行かせられることになったのです。人によっては、中国での生活は不便なことが多くて行きたくないという人もいますが、僕は前から中国に興味を持っていたので喜んで来ました。

　中国は昔から、文化的には日本と一番深い関係があった国ですし、二十世紀に入ってからは、戦争という大きな問題がありました。その頃は場所によっては、日本語を無理やり覚えさせられた人もいて、今でもそんな人は日本語が話せるはずです。日本と戦ったり、日本人に苦しめられた人達が、今の<u>日本に対して</u>₄どんな印象を持っているのか、非常に興味があります。

　今、僕の回りには、家族も友達もいません。聞こえて来ることばも、僕には一言も分からないこのへんの方言ばかりで、僕が大学で習った標準語 (ひょうじゅんご) の中国語は<u>大して役に立ちません</u>₅。もちろん、このへんの人々も標準語が話せますが、町の中で耳に入ることばは上海語ばかりなのです。中国人に聞いてみたのですが、家族や友達と話す時は、普通、自分達の方言を使い、学校では標準語を使うのだそうです。だから、子供の頃、学校で標準語を使わせられることのなかったお年寄り以外は、みんなバイリンガルのようなものだと言えます...僕には、その二つのことばは別の国のことばだと言ってもいいくらい違っているように思われます。国が広いからこんなに違う方言があるのでしょうが、狭い日本でもお互いに分からないような方言があるのでしょうか。そう言えば、以前、九州を旅行した時に道を聞いたのですが、せっかく教えてくれたのに、ほとんど分からなかった、ということがありました。

　外国は初めてというわけではないのですが、一年以上こちらで暮らすのですから、心配なことばかりです。食べ物については、中国人もお米を食べ、しょうゆやみそを使って料理をするので、<u>大した問題</u>₅はありません。でも民族の数は多いし、ことばはもちろん、考え方や習慣も日本とは

かなり違うでしょうから、こちらの生活に慣れるまで、しばらく時間がかかるでしょう。

　「外国で暮らして初めて自分の国の良さが分かる」ということばの意味を考えています。日本にいると、日本のいやな面ばかりが見えてしまいます。日本の経済が発達しても私達の生活は大して良くならないし、みんな あまり高い理想も持たず、誰もが同じような<u>考え方をして</u> ₆同じような 一生を送って、満足しているように見えるのです。そんな日本でも、しばらくはなれて暮らしていれば、その良い所が見えてくるのでしょうか。

　色々なことを考えているうちに、なぜか、おばあちゃんのことを思い出して、<u>手紙を書く気になりました</u> ₇。僕が小さかった頃、仕事や旅行で 遠くへ行った時に、よく絵はがきを送ってくれましたね。「人の一生は旅のようなものだ」とよく言われますが、子供だった僕は、そんなことはもちろん分からなかったし、絵はがきを書いている時のおばあちゃんの気持ちなど、分かるはずもありませんでした。

　しかし、今、外国で自分一人になってみて、あの頃おばあちゃんがくれた絵はがきの意味が少し分かるようになった気がします。おばあちゃんは 今年で八十何才になるのでしょうか。正月には必ず帰りますから、どうか お元気で待っていて下さい。さようなら。

　　十月十五日

　　　　　　　　　　　　　　　　　　道男より

　　おばあちゃんへ

● Vocabulary and New Kanji ●

page 102

1	旅 (たび)	trip; journey （＝旅行 りょこう）
2	存 ぞん	（ご存じです＝知っている）
3	港 みなと	port; harbor
	けんか（する）	quarrel; fight
4	わざわざ	take the trouble to do ～ cf. せっかく　line 13
	幹 かん	
	線 せん	line (cf. 行 ぎょう ＝ line of sentences)
	新幹線（しんかんせん）	Bullet Train
	機 き	（機械 きかい ＝ machine）
	飛 ひ	cf. 飛 (と) ぶ ＝ fly　Lesson 8
	飛行機（ひこうき）	airplane
7	何 (なに) か	somewhat; somehow
	（ような）気がする	feel; have a feeling
11	（酒）でも	(liquor) or something
	定 てい	
	予定（よてい）	schedule; plan
	ゆれる	roll(as a ship); swing; shake; rock; vibrate
12	よう	1: （酒によう）get drunk 2: （船によう）become seasick
	（Xの/～する）代 (か) わりに	instead of (X) / ～ing
13	せっかく	take the trouble to do ～ (but...) （せっかくの＝ precious; hard-earned）
15	わたる（渡る）	cross; go across　cf. 道をわたる go across a street
16	名付 (なづ) ける	name; X の名を取って名付ける　name after X
	がんじん（鑑真）	Chinese Buddhist priest in Tang Dynasty (688~763)
	…号 (ごう)	乗り物の名前に付ける e.g. 新幹線ひかり号、タイタニック号

105　　　　　　　　　　　　　　**Lesson 9**

18	流 (なが) す	carry/wash by means of current, etc.
		cf. 流れる (v.i.) = flow; drift
19	やっと	finally
20	楽 らく	ease, comfort
		cf. 楽 (たの) しい = enjoyable Lesson 4
		cf. 音楽 (おんがく) = music Lesson 7
	やはり	[here, even so; still] cf. Lesson 2, Note 2

page 103

3	(する) ことになっている	it's been arranged (scheduled) ...; it's the rule (custom) that
4	(する) ことになった	it was decided ... cf. Lesson 3, Note 1
8	~的 (てき) に	~ly e.g. 歴史的に、政治的に
		(See Lesson 7, Note 3)
	深 ふかい	deep (深い関係＝close relationship)
9	場所 (ばしょ)	place
11	苦 くるしめる	give (cause) someone pain (suffering)
		苦しむ=suffer
12	(X) に 対 (たい) して	to; toward; concerning (X)
	印象 いんしょう	impression
	非常 ひじょうに	extremely; very much
15	言 こと げん	
	一言 (ひとこと)	a (single) word
		cf. 言葉 (ことば) = words, language
	方言 (ほうげん)	dialect
	標準 ひょうじゅん	standard
	標準語 (ひょうじゅんご)	standard dialect
20	~以外 (いがい) は	except (for)~
21	バイリンガル	bilingual
22	~ように思われる	it seems (to me) that...
23	狭 せまい	narrow
24	互 たがいに	each other; mutually (often: お互いに)

	そう言 (い) えば	that reminds me
25	州 しゅう	state e.g. コネチカット州
	九州 (きゅうしゅう)	southernmost island of Japan
30	X はもちろん、Y や Z も	Y, Z (also), not to mention / to say nothing of X; X of course, and also Y, Z
	慣 かん なれる	
	習慣 (しゅうかん)	custom; habit

page 104

1	(X に) 慣 (な) れる	get used to (X)
4	いや (な) (嫌な)	disagreeable; unpleasant
	面 めん	aspect; respect cf. 点
6	想 そう	
	理想 (りそう)	ideal (cf. adj. = 理想的な)
	誰 (だれ) もが	= みんなが
	~考 (かんが) え方 (かた) をする	have a ~ way of thinking
	満足 まんぞく	satisfaction
	(X に) 満足 (まんぞく) する	be satisfied with (X)
		cf. 足 (あし) feet, legs
		一足 (いっそく) a pair of shoes, socks or other footwear
		一足 (ひとあし) one step
		足 (た) りる be sufficient
	一生 (いっしょう) を送 (おく) る	spend one's whole life
8	(X を/から) はなれる	leave; go far away from (X)
9	なぜか	(don't know) why
11	絵 (え) はがき (絵葉書)	(picture) postcard
14	X するはずはない	there is no reason to expect (someone/something) to do X
17	正月 (しょうがつ)	the New Year cf. 正 (ただ) しい = right [adj]

107 Lesson 9

● Grammar Notes ●

(1) <u>中国への旅</u> (a journey to China)

  cf. 中国の旅 (a trip in China)

1 大学への道が分かりますか。 (Do you know the way to the university?)

2 山田さんへの手紙はまだ出していません。 (I have not mailed the letter to Ms. Yamada.)

3 カナダまでのゆうびんは いくらですか。 (How much is the postage for Canada?)

4 母からの言付けがありますか。 (Do you have any message from my mother?)

(2) 外国へ行く<u>ような気がした</u>。 (I felt as if I were going to a foreign country.)

  ような気がする (feel as if)

1 あなたの気持ちが分かるような気がする。 (I have a feeling that I understand your feelings. I think I understand how you feel.)

2 山田さんは今日は来ないような気がする。 (I've got a feeling somehow that Ms. Yamada isn't coming today.)

3 あの人には前にどこかで会ったことがあるような気がします。 (I have a feeling that I've met him somewhere before.)

(3) 時間があり<u>さえ</u>すれば＝時間さえあれば (if only [as long as] I have / had time)

  Nがある （子供がある）

  子供さえあれば(if only one has a child) or 子供がありさえすれば (if only one has a child)

  子供さえなければ （if only one does not have a child)

  Nだ （子供だ）

  子供でさえあれば （if only it is a child)

  子供でさえなければ （if only it is not a child)

  adj （新しい）

  新しくさえあれば （as long as it is new)

  新しくさえなければ （as long as it is not new)

  V （読む）

  読みさえすれば （if only one will read)

  読みさえしなければ （if only one will not read)

1 静かでさえあれば どんな部屋でもけっこうです. (As long as it is quiet, any room will do.)

2 会社から遠くさえなければ小山さんの家はいい家ですね。 (If only it were not far from her work (company), Ms. Oyama's house would be a good house.)

3 山田さんの家へ行きさえすれば分かります。/山田さんの家へさえ行けば分かります。 (If you just go to Ms. Yamada's house, you will find out.)

4 この薬（くすり）さえ飲めば、なおりますよ。/ この薬を飲みさえすれば、なおりますよ。 (If you just take this medicine, you will get well.)

cf 子供で[に]さえ出来ます。 (Even a child can do it.)

108

(4) 日本に対して (to [toward] Japan)

Xに対して (facing X, toward X, opposed to X, in contrast to X)

1 親に対してそんなことを言ってはいけない。(You mustn't speak to your parents like that.)

2 私の春子さんに対しての気持は変わりません。(My feeling toward Haruko hasn't changed.)

3 彼は日本の文化に対して子供の頃から興味(きょうみ)を持ち始めた。(He started to be interested in Japanese culture when he was a child.)

(5) a. 大して役に立たない (it is not so useful)

 b. 大した問題 (a big problem, a serious problem)

 a. 大して (＝あんまり) ＋ neg ＝ not very much, not so much

1 大して高くない (It is not very expensive.)

2 大して見たくないけれど見てみましょう。(I am not very anxious to see it, but I will have a look.)

 b. 大した ＝ 大きい、大切な ; usually used with neg.

1 大した病気じゃありませんから、心配しないで下さい。(It is not a very serious sickness, so don't worry.)

2 大した用事じゃないんですが、山田さんに会って話したいんです。(It is not about a very important matter, but I want to see Ms. Yamada and have a talk with her.)

(6) 考え方をする (have a way of thinking)

 ～V＋方をする (have a ～way of V / V in a ～way)

1 山田さんはなかなかおもしろい考え方をしますね。(Mr. Yamada has a very interesting way of thinking.)

2 そんな時代後れ (out-of-date) の考え方をしていると、人に笑われますよ。(You will be laughed at if you go on thinking in such an out-of-date way.)

3 山田さんはかわいそうな死に方をしましたね。(Mr. Yamada died a pitiful death, didn't he?)

(7) 手紙を書く気になる (one comes to feel like writing a letter)

 V＋ 気になる (come to be in a mood to V)

1 山田さんからの手紙は読む気になれない。(I can't bring myself to read the letter from Mr. Yamada.)

2 むかしの友達に会ってしばらく行かなかったあのレストランに急に行く気になった。(I met an old friend and I suddenly had a desire to go to that restaurant I hadn't been to in some time.)

3 どうしてあの会社をやめる気になったのだろう。(I wonder what induced him to quit that company.)

cf. 気になる (When used without a preceding verb, it means "something bothers one.")

 山田さんのことが気になる (I'm concerned about Ms. Yamada.)

● Grammar and Usage Exercises ●

1 ．～への／～からの ／～までの／ etc. の　noun

　　例：私はニューメキシコへ行った／その旅は楽しかった

　　　　➡　（私の）ニューメキシコへの旅は楽しかった。

＊寺田先生に手紙を書いた／その手紙は出さないことにした（➡ ～への手紙）

＊山下という学者が日本の社会について本を書いた／その本は大変おもしろかった

＊両親からプレゼントをもらった／それは前からほしかった物だった

2 ．Vような気がする

　　例：この森の中で同じ所を何度も歩いているようだ。

　　　　➡ この森の中で同じ所を何度も歩いているような気がする。

＊この音楽は前にも聞いたことがあるようだ。

＊誰かが私のことを遠くから見ているようだ。

＊私の結婚相手はこの人以外にはないようだ。

3 ．さえすれば／さえあれば／でさえあれば

　　例：どうすれば漢字の読み方が調 (しら) べられますか。 ➡ 辞書を引きさえすれば漢字

　　の読み方は調べられます。 （辞書じしょを引ひく＝look up in a dictionary）

＊どうすれば外国にいる人と話しが出来ますか。

＊どうすれば世界のニュースを知ることができますか。

＊どんな人だったら英語が話せますか。

＊どんな本だったらよく売れますか。

4 ．～に対して

　　例：普通のアメリカ人は日本人に対してどんな印象を持っていますか。

　　　　➡ 日本人に対して、ちょっと働き過ぎる人々だという印象を持っています。

＊子供に対して話しをする場合、大人はどんなふうに話しますか。

＊日本語ではどんな人に対して、ていねいなことばを使いますか。

＊アメリカ人は自分の国の政府に対してみな同じような考えを持っていますか。

5．大して／大した

　例 A：アメリカの英語は場所によってとても違いますか。

　　　　➡ いいえ、アメリカの英語は<u>大して違いません</u>。

＊東京の冬は寒いですか。

＊その国の文化に興味がありますか。

　例 B：何か困っていることがあるのですか。　➡ いいえ、<u>大した問題じゃありません</u>。

＊病気ですか。

＊あなたが昨日見た映画はとてもおもしろい映画でしたか。

6．V方をする

　例 ：日本人と違って、アメリカ人はみんな考え方が違う。

　　　　➡ アメリカ人はみんな<u>違う考え方をしている</u>。

＊その人の考え方は子供みたいだ。

＊彼の考え方は変わっている(＝is strange)から、なかなか友達ができない。

＊彼の歩き方はらんぼう（＝rough）だから、くつが早くいたむ。

7．V気になる（ならない）

　例 ：中国文化に興味があったので、➡ 中国へ行って、<u>勉強する気になりました</u>。

＊たばこがけんこうに悪いとみんなに言われたので、

＊行くつもりはありませんでしたが、花子ちゃんが行くことにしたので、

＊明日は日本語のしけんがあるのですが、あんまり天気がいいので、

● Translation Exercises ●
■ Japanese → English ■

1. 駅<u>までの</u>道／インド<u>への</u>旅／大阪<u>での</u>生活／中国に着く<u>までの</u>二日間

2. あの人にはどこかで<u>会ったような気がする</u>が、昨日アメリカに来たばかりだそうだから、私の知り合いのはずはない。

3. 彼は<u>お金さえあれば</u>／お金が<u>ありさえすれば</u>、何でも買えると思っているらしい。

4. 彼女は、<u>動物に対しても</u>、人に話すのと同じようにやさしく話す。

5. a. 新幹線の旅が<u>大して楽しくない</u>のは、たぶんスピードがはやすぎて途中のけしきをゆっくり楽しめないからだろう。

   b. このあたりは気こうが寒すぎて、<u>大したもの</u>は出来ません（= [produce / crops] grow）。出きるのはイモ(= potatoes)くらいのものですよ。

6. 田中: 僕には、仕事より自分の生活の方が大事だから、君のように夜おそくまで会社になんかいたくないよ。

   山田: 君はそんな<u>考え方をしている</u>から、会社の中でえらくなれないんだよ。

7. 私が経済について<u>研究する気になった</u>のは、今の世界で経済はどこか間違っていると思ったからです。

   cf. （車の）オイルを変えていない<u>のが</u>、ちょっと<u>気になる</u>けど、横浜ぐらいまでなら平気 (へいき=だいじょうぶ) だろう。

■ English → Japanese ■

1. a trip <u>to</u> Paris / the long road <u>to</u> Dakar / an experience <u>in</u> Africa

2. I <u>have a feeling</u> that he may call me today.

3. A journey on a boat is not bad <u>as long as</u> you don't become seasick.

4. Because people in Tibet believe in Buddhism and have a special feeling <u>towards</u> both animals and plants (＝しょくぶつ), they think that they should not pull up （＝ぬく） the plants

112

growing in the mountains.

5. a. Although I took the trouble to go to New York to buy this book, it <u>is not very useful</u>.

   b. That <u>is not much of a problem,</u> so please don't worry.

6. For （＝にしては）　a person living in 19th century Japan, he <u>had a</u> very liberal

   （自由な）　<u>way of thinking</u> concerning relationships between men and women.

7. I read a book about Japanese culture written by a scholar at this university, and it made me

   want to go [I <u>came to feel</u> <u>like going]</u> to Japan.

   cf. What my friend said today <u>bothers me</u> and I can't sleep.

● Questions ●

1. この人が日本をたつ時に、友達はどんなことをしてあげましたか。

2. 中国へ行くのに、この人はなぜ船の旅をすることにしたのですか。

3. がんじんという中国のお坊さんはどんなことをした人ですか。

4. この人はこれからどこへ行って、何をする予定ですか。

5. この人の会社の中には中国に行きたがっている人ばかりいますか。

6. 中国と日本の歴史的な関係について、知っていることを話してください。

7. 大学で中国語を学んだのに、この人はなぜ上海の人々の話すことばが一言も分からな

   かったのですか。

8. 中国に比べてずっと狭い日本でも、お互いに分からないような方言が、ありますか。

9. 中国の文化、習慣は、日本とどんな点で違いますか。

10. あなたは日本のどんな点がいいと思いますか。どんな点が悪いでしょうか。

● Writing Exercise ●

Discuss briefly some good points and bad points of American society compared to those of

some foreign countries.

Lesson 9

10. 宗教について
On Religion

● **Main Text** ●

　ある一人の悪人が、地ごくの血の池で**しずみそうになって**[1]苦しんで
いた。この男は生きている間、悪いことばかりしていた男だった。おしゃ
か様は天国のハスの池からこれをごらんになって、この男が一生の間にた
だ一度だけ良いことをしたことがあるのを思い出された。ある時、彼は森
を歩いていて、彼の前に一匹の小さなクモがいるのに気が付いた。彼は始　　5
め、そのクモをふみつぶして殺そうと思ったが、クモにも命があるのだか
ら助けてやろうと考えて、殺すのをやめたのだった。

　おしゃか様はできれば、この男を天国に連れて来てやろうと思い、天国
のクモの銀色の糸を手にお取りになって、その池から地ごくまでおろされ
た。池で苦しんでいたその悪人は、天国からおろされたこの糸に気が付く　　10
と、喜んでそれをのぼり始めた。

　もう血の池が小さく見えるくらいまでのぼった所で、この男は下を見て
おどろいた。たくさんの悪人達が下からその同じ糸をのぼって来るではな
いか！この糸は細い、細いクモの糸だ。いつ切れてしまうか分からない。
心配になったこの男は、下から来る悪人達に、大きな声で命令した。　　　　15
「おい！この糸は、おれの物だ。みんなはやく地ごくへもどれ！」
彼がこう言い**終わったとたん**[2]、クモの糸は彼の手の所から切れて、彼
はほかの悪人達といっしょに血の池へ落ちて行った。

　これは芥川龍之介 (あくたがわ りゅうのすけ) の「くもの糸」という小説のあ
らすじである。この話しを知らない人はいないと言ってもいいくらい日本　　20
では有名な話しである。たいていの子供は小学校の時に読ませられる。こ

れを読む子供達は、仏教の教える天国や地ごくがどんな物かを知り、自分のことしか考えない悪人の狭い心と、おしゃか様の広い心について考えるだろう。もちろん、この小説は仏教の考え方を教えるために書かれたわけではないが、これを読むと<u>人間性</u>₃について広く考えさせられる。このように日本人は色々な本を通して、仏教に親しみを持つようになる。

しかし日本の仏教人口はどれぐらいかと考えると、多分みんなが思うほど多くはない。自分は仏教を信じているとはっきり言う日本人はかなり少ないであろう。普通の日本人は、誰か親しい<u>人がなくなった時</u>₄とか、なくなってから、ちょうど何年目だというような時以外は、お寺 (てら) に行ったり、お坊さんに会ったりすることは、ほとんどないのではないだろうか。

仏教は日本で生まれたものではなく、六世紀に中国から伝えられたものである。もともと日本にあった信仰は仏教とはまったく違ったものであった。それは生きている世界と死んでからの世界をはっきり区別しないし、山とか大きな木とか岩など自然のすべてが「神」となるようなものであった。このことから分かるように、日本の「神」はキリスト教のような一つの神とはまったく違うものである。そして人も死ねば「神」になった。このような<u>信仰をもとにして</u>₅、後 (のち) に神道と呼ばれるものが出来上がったのである。

仏教では、自分が生まれる前の世界や、死んでからの世界について考える。悪いことをすれば、次に生まれてくる時には動物になるという考え方もある。たとえば、昔、あるお坊さんが一頭の牛を見たとたん、それが自分の母親であると感じ、家に連れて帰り、その牛が死ぬまで大事に世話をしたという話しも残っている。しかし神道では生きている間の方が大切である。だから神社の神様も、人が生きている間に役に立つ神様ばかりである。自分の行きたい大学に入れるようにとお祈りをする神様、早く子供が生まれるようにと祈る神様、病気がなおるように祈る神様というふうに。

以上のように、日本には大きく分けて仏教と神道の二つの信仰がある。そしてこの二つは歴史的に<u>まざり合って</u>₆きて、現在の日本人の考え方に深く影響 (えいきょう) を与えている。

Lesson 10

さて、日本におけるキリスト教の歴史もけっしてみじかくはない。今、キリスト教の信者は日本人全体の<u>一パーセントに過ぎない</u>₇が、ポルトガル人によって、それが日本に初めて伝えられたのは一五四九年のことである。しかし、始め秀吉 (ひでよし) が禁止し、その後 (ご) 江戸幕府がもっときびしく禁止した後は、誰もキリスト教を信じることは出来なくなってしまった。 ₅

　宗教は禁止されたからといって、<u>すぐ捨てられるものではない</u>₈。だから江戸時代にはキリスト教信者は自分が信者であることを人からかくさなければならなくなった。幕府は、そのようなかくれた信者を見つけるために、ある方法を考え出した。「ふみ絵」と呼ばれる、キリストやマリア ₁₀ の像を作り、それを人々にふませて、かくれた信者を見つけようとしたのである。信者でなければ、ふみ絵をふむことは何でもないことである。しかし<u>信者にとっては</u>₉これほどおそろしいことはなかった。ふみ絵をふむことは、自分の信仰を捨てることを意味するからである。信仰が<u>強ければ強いほど、ふむことはむずかしかった</u>₁₀に違いない。どうして ₁₅ も、それがふめなかった者は幕府の手によって殺された。ふみ絵は主にキリスト教信者の多かった九州で、一八五三年まで使われていた。このことから、幕府の禁止<u>政策にもかかわらず</u>₁₁、信者はついに最後までなくならなかったことが分かる。

　現在、多くの若者達が、信者でもないのに教会で結婚式をする。たぶん ₂₀ ふみ絵のことなどまったく考えもせずに、ただそれが流行であるという理由だけで。それ以外の場合は、神道による結婚式をするのが普通である。私達は、それが伝統的な結婚式の形だと思っているが、専門家の研究によると、この「伝統」が出来上がったのは、大正時代からなのだそうである。それ以前は、結婚と宗教は関係がなかったそうである。 ₂₅

● Vocabulary and New Kanji ●

<u>page 114</u>

1	悪 <u>あく</u>	evil. wickedness, vice　cf. 悪 (わる) い
	悪人 （あくにん）	bad (wicked) person
	地 （じ） ごく （地獄）	hell
	血 <u>ち</u>	blood
	池 <u>いけ</u>	pond
	～しそうになる	almost ~[e.g. I almost had an accident. 事故 （じこ） にあいそうになった。]
	苦 （くる） しむ	suffer; be afflicted [tortured, in pain] cf. 苦しい　(painful)
2	おしゃか様 （さま）	Buddha (566? ~ 480 B.C.)
	天国 （てんごく）	Heaven
	ハス	lotus
	ごらんになる	[honorific] ＝見る
	一生 （いっしょう）	one's (whole) life
	ただ一度 （いちど）	just once
5	クモ	spider　cf. 雲 （くも） cloud
8	できれば	if possible
9	糸 <u>いと</u>	thread
	おろす	lower
13	～ではないか	darned if ... doesn't do ~ !
14	細 <u>ほそい</u>	thin; slender
	切 （き） れる	be cut (v.i.) v.t. ＝ 切る
15	命令 <u>めいれい</u>	an order, a command cf. 命 （いのち） ＝ life Lesson 4
	命令する	order, command
16	おれ	I [vulgar / highly informal men's speech]
18	落 <u>おちる</u>	fall; go down; drop
19	芥川龍之介 （あくたがわ　りゅうのすけ）　a novelist (1892 ~ 1927)	
	小説 （しょうせつ）	novel
	あらすじ	plot; summary; outline; gist

<u>page 115</u>

4	間 <u>げん</u>	cf.　間 （あいだ） 時間 （じかん）
	人間性 （にんげんせい）	human nature cf.　人間 ＝ human being
5	親 <u>したしみ</u>	feeling of closeness; familiarity adj. ＝ 親しい

~み　　e.g. 悲しみ、苦しみ、いたみ

cf.　親 (おや) = parent(s)

　　両親 (りょうしん) = parents

13	仰 <u>こう</u>	信仰 (しんこう) (religious) faith
15	岩 <u>いわ</u>	rock cf. 石 (いし) = stone
	すべて	all; everything
	後 (のち) に	afterwards
	神 <u>しん　じん</u>	cf. 神 (かみ) God, gods
		神社 (じんじゃ) shrine
	神道 (しんとう)	Shinto(ism)
22	頭 <u>とう</u>	a counter for large animals
		[e.g. cow 牛, horse 馬, elephant 象ぞう]
		cf. 頭 (あたま) = head　Lesson 5
23	感 <u>かんじる</u>	feel
25	神社 (じんじゃ)	shrine　　cf. 会社 (かいしゃ)
28	分 (わ) ける	divide; classify; split
29	まざる （混ざる）	mix; mingle cf. v.t. = まぜる
	~し合 (あ) う	do ~ to/with/for each other e.g. 話し合う、
	現在 <u>げんざい</u>	the present; today; [adv.] currently
	影響 <u>えいきょう</u>	influence
	与 <u>あたえる</u>	give
		cf. 影響を与える （have an influence）
		cf. 印象 (いんしょう) を与える
		(make an impression)

page 116

1	（X）に　おける	[formal] ＝での = in X
	キリスト教 (きょう)	Christianity
2	信者 (しんじゃ)	believer
	ポルトガル人 (じん)	Portuguese
4	秀吉 (ひでよし)	豊臣とよとみ~ (1536 ~ 1598) a famous general,
		statesman
	禁止 <u>きんし</u>	prohibition　cf. X を止 (と) める　stop X
	禁止 (きんし) する	prohibit; ban; forbid
	幕 <u>ばく</u>	
	幕府 (ばくふ)	shogunal government
		cf. 政府 (せいふ) = government

5	きびしい	strict; severe
7	～からと言 (い) って	merely (just) because ~, it doesn't mean ...
	捨 すてる	throw away; [here: renounce]
	～ものです	will ~; that's the way ~ is
8	かくす	hide (v.t.) cf. v.i. = かくれる (hide oneself)
10	ふみ絵 (え)	ふむ (step on; tread on)＋絵 (picture)
		a picture to be stepped on as proof of one's non-Christianity; the act of stepping on such a picture
	マリア	the Virgin Mary
11	像 ぞう	image; statue
12	何 (なん) でもない	easy; it is nothing cf. 何もない = there is nothing
13	～ほど... （もの／こと）はない	there is nothing so ... as ~
	おそろしい（恐ろしい）	frightening
14	意味 (いみ) する	mean; signify
15	どうしても（～ない）	no matter how hard one tries
16	（Xの）手によって	by (the hands of) X
	主 おも に	mainly cf. 主人 (しゅじん) = master
18	策 さく	
	政策 (せいさく)	policy
	（X）にもかかわらず	[formal] in spite of (X); nevertheless
	ついに	finally; in the end
20	多 (おお) くの若者 (わかもの)	many young people
	教会 (きょうかい)	church
	式 しき	ceremony
	結婚式 (けっこん しき)	wedding (ceremony)
21	流 りゅう	cf. 流 (なが) れる　＝ flow
	流行 (りゅうこう) （する）	fashion; fad 流行する＝はやる
22	～するのが普通 (ふつう) だ	it is usual (customary) that ~
	伝統 でんとう	tradition 伝統的な = traditional
		cf. 伝 (つた) える＝convey
		cf. 手伝 (てつだ) う＝help, lend a hand
23	専門 せんもん	specialty, cf.門 (もん) = gate
	専門家 (せんもん か)	expert　専門的 (せんもんてき) な＝specialized
24	大正 (たいしょう)	1912 ~ 1926 cf. 江戸(1603~1868)、明治(1868~1912)、昭和(しょうわ1926~1989)、平成 (へいせい1989~)

● Grammar Notes ●

(1) <u>しずみそうになる</u> (get to the point where one is about to sink)

しずみそうだ (it looks as if it is going to sink at any moment)

V(stem) ＋ そうだ (looks as if verb action will take place....at any moment)

adj(stem) /na-N＋そうだ (it looks adj /naN such as:おもしろそう、 じょうぶそう)

The judgement is usually based on the five senses or on one's feeling.

1 雨がふりそうだから かさを持って行こう。 (It looks like it is going to rain, so let's take our umbrellas.)

2 山田さんは来そうじゃありません [来そうにありません]。 (It looks like Ms. Yamada is not coming.)

3 おなかがすいて死にそうです。 (I am starving to death！)

4 台所からおいしそうなにおいがします。 (A delicious smell is coming from the kitchen.)

5 あの店の物は高そうですね。 (The things in that store look expensive.)

6 山田さんは昨日元気そうでしたよ。 (Mr. Yamada looked well yesterday.)

cf. おもしろいようです。 (It seems that it is interesting.)

おもしろそうです。 (It looks interesting.)

おもしろいらしいです。 (Apparently it is interesting -- from what they say.)

おもしろいそうです。 (They say / I understand that it is interesting.)

(2) <u>終わったとたん</u> (the moment he finished / no sooner than he finished)

そのとたん（に） (just at that very moment)

pastV ＋ とたん （に） (no sooner than the verb takes / took place)

1 毎日ベッドに入ったとたんに寝てしまいます。 (I fall asleep every night the minute I get into bed.)

2 クラスが始まったとたんに先生が紙を出してしけんをすると言った。 (No sooner had the class started than the teacher took out some paper and said that he was going to give us a test.)

3 山田さんの息子（むすこ）を見たとたん山田さんの子供の頃を思い出した。 (The moment I saw Mr. Yamada's son, I remembered Mr. Yamada as a child.)

(3) 人間性 (human nature / human characteristics)

性 (sex, nature) 男性 (male) 女性 (female)

When it follows a compound, 性 means nature or attribute.

It often corresponds to the English suffixes ......ness, or ....ity

国民性 (national character)

社交性 (sociability)

実用性 (practicality)

(4) 人がなくなった時 (when (after) a person passes [passed] away)

The tense of the verb before 時 is always determined by the relation with the verb which ends that clause or sentence.

1 人が 死んだ時 たいてい そうしきをします。 (Usually when a person dies [has died after he dies--not before], we have a funeral.)

山田さんは 死ぬ時 手紙を書いた。 (Mr. Yamada wrote a letter when he died -- before he died.)

2 日本へ行った時 家を買います。 (When I go to Japan -- after I get there-- I will buy a house in Japan.)

日本へ行く時 家を買います。 (When I go to Japan--before I leave or on my way -- I will buy a house.)

3 今朝学校に来た時 山田さんに会いました。 (This morning when I came to [got to] school, I met Ms. Yamada -- I met her at school.)

今朝学校に来る時 山田さんに会いました。 (This morning on my way to school -- before I arrived at school -- I met Ms. Yamada.)

(5) このような 信仰をもとにして (based on this type of faith)

もと (foundation, basis, origin, beginning)

X をもとにする (take X as a basis)

1 この建物 (たてもの) はもとは学校じゃなくてアパートでした。 (Originally this building was an apartment building, not a school.)

2 昔から伝えられた話をもとにしてしばいを書いた。 (He wrote a play based on a story passed down from ancient times.)

3 私の卒業論文 (そつぎょうろんぶん) は日本にいた時経験したことをもとにして書いたものです。 (My senior essay was written based on the experiences I had while I was in Japan.)

4 あれはハワイの歴史をもとにして作った映画ですが, もうごらんになりましたか。 (That movie was (made) based on the history of Hawaii. Have you seen it.?)

(6) まざり合う (mix together)

present V + 合う = do something to each other. Often preceded by たがいに (mutually).

愛し合う (love each other)　　話し合う (talk together, discuss)

言い合う (argue, quarrel)　　殺し合う (kill each other)

助け合う (help each other)

(7) 一パーセントに過ぎない (is no more than one percent / is merely one percent)

X に過ぎない (is no more than X / is merely X)

1 一度見たに過ぎない。 ＝ 一度見ただけです。 (I merely saw it once.)

2 私はここの学生に過ぎません。 (I am only a student here.)

3 この頃彼からは一年に一度クリスマスカードをもらうぐらいに過ぎません。

(About the only contact I have with him these days is to receive a Christmas card from him once a year.)

(8) すぐ捨てられるものではない。　(One can't very well discard [religion] easily.)

　　ものだ (It is natural that some action occurs or it is natural that something be as described by the adj. This construction expresses natural tendency or universal truth.)

　　N.B. Taken literally the above sentence could also mean " It is not the sort of thing which one can discard easily ."

1 つかれた時にはあまい物が食べたくなるものです。　(When we are tired, we tend to have a desire for sweets.)

2 不注意（ふちゅうい）な時に事故（じこ）はおこるものです。(Accidents will happen when one is careless.)

3 星（ほし）は晴れて空気がきれいな夜によく見えるものです。(It is true that the stars are clearly visible in the evening when the sky is clear and the air is clean.)

4 これは一度だけ読んですぐ覚えられるものではない。(You can't very well memorize this by reading it just once.)

(9) 信者にとって（は）(for a believer)＝信者には　(see Lesson 5, Note 3)

　　にとっては is more formal than には、although they can be used interchangeably.

1 これは私にとってむずかしすぎます。(This is too difficult for me.)

2 あの方は私にとっては非常に大事な方です。(He is a very important person to me.)

3 山田さんにとっては、１００ドルの金は何でもありません。(One hundred dollars is nothing for Mr. Yamada.)

(10) 強ければ強いほど、ふむことはむずかしい。(The stronger it [one's faith] is, the more difficult it is to step on [the picture].)

1 この本は読めば読むほどおもしろい。(The more you read this book, the more interesting it is.)

2 山をのぼればのぼるほど景色（けしき）は美しくなった。(The higher we climbed the mountain, the more beautiful the scenery became.)

3 人間は丈夫なら丈夫なほど、自分は病気にならないと信じる。(The healthier a person, the more firmly he believes that he will not get sick.)

(11) 政策にもかかわらず (despite the policy)

　　Xにもかかわらず、despite X, notwithstanding X, in spite of X

1 山田さんは具合が悪かったにもかかわらず、会議に出て来ました。(Despite feeling ill, Ms. Yamada attended the meeting.)

2 雨にもかかわらず[雨が降っているにも　かかわらず]たくさんの人が　フットボールの試合を見に来ました。(In spite of the rain, a lot of people came to see the football game.)

3 よく勉強したにもかかわらず、試験(しけん)の時によく分かりませんでした。(Although I studied hard, I had trouble at exam time.)

cf. Xにかかわらず、regardless / irrespective of X

　　その会社は年にかかわらず、仕事が出来る人をやといます。(That company hires anyone who can do the work regardless of age.)

● Grammar and Usage Exercises ●

1．そうになる／そうだ

　例Ａ：その食べ物がキャットフードだと知らなかったので、

　　➡ <u>食べそうになった</u>。

＊ゆうべ寝なかったので、今朝クラスで ねむくて、

＊今朝学校に来る途中で友達に会って話していたので、

＊私は忙しかったので、あなたにそのことを話すのを、

　　例Ｂ：かぜを<u>ひきそうな</u>時には早く寝た方がいい。

＊ガソリンがなくなるから　／ガソリンスタンドに寄ろう。

＊大木さんは来ないようです。

＊この生地 (きじ) はじょうぶです。

＊おもしろい本を買いました。

＊道子さんは何も食べたくありません。

2．Ｖ-た　とたん

　例：大学に入ったら、すぐ　勉強しなくなった。

　　➡　　大学に<u>入ったとたん</u>、勉強しなくなった。

＊お酒を飲んだら、すぐよってしまった。

＊医者が病気の人にくすりを飲ませたら、すぐ元気になった。

＊けっこんしたら、早く家に帰るようになった。

3．〜性

　例：法律が<u>必要であること</u>は誰でも知っている。

　　➡ 法律の<u>必要性</u>は誰でも知っている。

＊彼の書く小説は宗教的な意味が強い。　（➡ 宗教性が強い）

＊その本は専門的(せんもんてき=specialized)であり過ぎたので、あまり売れなかった。

（➡ 専門性が強すぎた）

4．V-た　時　（に）

　例：どんな時、病院へ行きますか。

　　➡ 病気になった時、病院へ行きます。

＊どんな時、AAA の人に来てもらいますか。

＊どんな時、９１１番に電話しますか。

＊どんな時、歌を歌いたくなりますか。

5．...をもとにして〜する

　例：君は何をもとにして、これを書きましたか。

　　➡ 自分で調べたことをもとにして書きました。

＊小説家は何をもとにして小説を書きますか。

＊大学は、どの学生をその大学に入れるか、何をもとにして決めますか。

6．V合う

　例 ：日本では仏教と神道がまざっている。

　　➡ 日本では仏教と神道がまざり合っている。

＊その男性と女性はお互いに愛（あい＝ love）している。

＊日米の政府は、経済問題について話している。

7．〜に過ぎない

　例：あなたのお父さんは大金持ちですか。

　　➡ いいえ、普通のサラリーマンに過ぎません。

＊あなたが着ている洋服は、何十万円もする高級なものですか。

＊あなたの大学で日本語を勉強する学生は、全体の何パーセントぐらいですか。

8．ものだ

　　例：親しい人がなくなった時、どんな気持ちになりますか。

　　　　➡　（誰でも）悲しいものです。

＊人から花をもらったら、どんな気持ちになりますか。

＊どんな時、少しまずいものでも、おいしく感じますか。

9．〜にとって

　　例：あなたにとって一番大切なものは何ですか。

　　　　➡　私にとって一番大切なものはけんこうです。

＊学生にとって一番うれしいことは何ですか。

＊日本人にとって英語のどんな発音がむずかしいでしょうか。

１０．〜れば　〜ほど　／　〜なら　〜なほど

　　例：新しい魚はおいしい。➡　魚は新しければ新しいほどおいしい。

＊外国語は練習すると、上手になる。

＊きれいな花は、高く売れる。

＊頭はあまり使わないと悪くなる。

＊あのけしきは見ると、美しい。

＊静かな部屋だと、よく勉強できる。

１１．〜にもかかわらず

　　例：父は病気だったのに、会社を休まなかった。

　　　　➡　父は病気（だった）にもかかわらず、会社を休まなかった。

＊まやく（＝ illicit drugs）は禁止されているのに、売ったり買ったりする人がいる。

＊雨なのに、その試合は行なわれた。

● Translation Exercises ●
■ Japanese → English ■

1. 屋根の上で昼寝をしたら気持ちがいいだろうと思って、屋根に上がって寝てみたが、寝ている間に、何度も<u>落ちそうになった</u>。

2. （私が）家に帰ってドアを<u>あけたとたん</u>、カレーのにおいがした。カレーは好きだが、四日も続くといやになる。

3. 小説の<u>芸術</u>（_{げいじゅつ}＝art）<u>性</u>と分かりやすさの二つを同時に満足させることはやさしくない、と彼は考えていた。

4. タイヤが<u>パンクした時</u>はどんな人に来てもらいますか。

　　cf. <u>横浜に行く時には</u>、何に乗っていくのが一番便利ですか。

5. 新聞の記事（_{きじ}＝ article）は、<u>事実をもとにして</u>書かれているはずである。

6. その学者の考え方の中では、日本的なものと西洋的なものが<u>まざり合っている</u>。

7. 彼女はその頃まだ小学校にも行っていない<u>小さな子供に過ぎなかった</u>が、もうピアノを上手にひく（= play [the piano]）ことが出来た。

8. a. 人は誰でも<u>間違いをするものです</u>。

　　b. 悲しいことでも時がたてば<u>忘れてしまうものです</u>。

9. 専門家以外の<u>人にとっては</u>、日本を「にほん」と読むか「にっぽん」と読むかは大した問題ではない。

10. 社会が複雑（_{ふくざつ}）<u>であれば（複雑で）あるほど</u>（＝複雑なら複雑なほど）、そこで起こる問題も複雑になり、法律の必要性も高くなる。

11. 江戸時代には神道と仏教がまざり合っていて、<u>神社であるにもかかわらず</u>仏像（_{ぶつぞう}＝ Buddhist statue）が置いてあることもあったそうです。

■ English → Japanese ■

1. My briefcase <u>was almost stolen</u> [taken], but a nearby person warned (= 教える/

   ちゅういする) me.

2. Because I didn't sleep at all last night, I almost fell asleep <u>the moment I started driving</u> （＝う

   んてんする） my car. So I stopped and rested a while.

3. Paintings (done) before the Renaissance [=ルネサンス], because of their strong <u>religious</u>

   <u>character</u> (=<u>religiosity</u>), are difficult for people other than experts to understand.

4. <u>When you climb that mountain,</u> what can you see from the top?

   cf. <u>When we climb mountains,</u> what kind of shoes should we wear?

5. He wrote the book <u>based on his experiences</u> in Europe.

6. Many different races <u>are mixed</u> in Hawaii.

7. It was <u>nothing more than</u> a short novel, but the influence it had on me was very strong.

8. a. <u>Accidents</u> （＝じこ） <u>will happen</u> （起きる） [even if you are careful].

   b. <u>That's the way it is</u> when you are told not to do something - you want to do it all the

      more （＝かえって／もっと）.

9. What is the most important day <u>for Christians</u>?

10. <u>The healthier</u> a person is, <u>the longer</u> she/he lives.

11. <u>In spite of the opposition</u> of her family, she decided to marry a poor man who had (as many as)

    three children.

Lesson 10

● Questions ●

1. おしゃか様は、なぜ地ごくで苦しんでいた、その悪人を助ける気になりましたか。

2. おしゃか様がせっかく助けてあげようとなさったのに、なぜその悪人はまた地ごくへ
   落ちていきましたか。

3. 「くもの糸」の話しについてどう思いますか。

4. 日本人のほとんどが仏教信者だと言ってもいいくらい日本の仏教人口は多いのです
   か。

5. 日本にもともとあった信仰では、「神」はどんなものだと考えられていましたか。

6. 仏教と神道とでは、たとえばどんな点で違いますか。

7. キリスト教はいつ頃、どんな人によって日本に伝えられましたか。

8. キリスト教は誰によって禁止されましたか。また禁止された後は、日本にはキリスト
   教信者は一人もいなくなってしまいましたか。

9. かくれてキリスト教を信じている人を見つけるために、江戸幕府はどんな方法を考え
   出しましたか。

10. 最近はどんな結婚式をする人が多いですか。アメリカはどうですか。

● Writing Exercise ●

a. Summarize your favorite religious story.

b. Write about a religion that you are interested in.

11. 秀吉と利休

Hideyoshi and Rikyuu

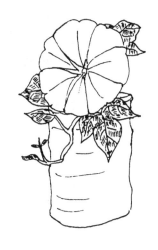

● **Main Text** ●

　日本の歴史の中で、十五世紀から十六世紀までの約百年間は戦国時代と
呼ばれていて、日本全体を統一できるほど強い力を持った人がおらず、戦
争の続いた時代だった。その意味では悪い時代だったが、しかし別の面か
ら見ると、頭が良く、力がありさえすれば、**誰でも高い地位に付けた** 1
のだから、自由な時代だったとも言える。　　　　　　　　　　　　　　5

　この戦国時代を終わらせて、日本を統一した人の一人として有名なの
が、豊臣秀吉 (とよとみひでよし) である。彼は始め最も低い身分のさむらい
であったが、自分の努力によって最後には国の統一者にまでなった人とし
て日本では人気がある。しかし自分が高い地位に付いてしまうと、農民か
ら刀などを取り上げて彼らの力を弱めた。こうして、さむらいと農民が　　10
はっきり区別されるようになったのである。

　そして、秀吉の後 (のち) の時代、つまり江戸時代になると、この区別は
いっそうはっきりしたものになり、士、農、工、商 (さむらい、農民、職
人、商人) と言われる封建 (ほうけん) 的な身分制度がすっかり出来上がっ
てしまったので、戦国時代のような**自由さ** 2 はなくなってしまった。ど　　15
んなに頭のいい農民でも、さむらいになることは出来なくなってしまっ
た。

　さて、秀吉について子供達でもよく知っている話しの中に次のようなも
のがある。まだ彼が身分の低いさむらいであった頃、ある冬の寒い日に、
主人がぞうりをはいた時に冷たくないように、主人の出かける前にそのぞ　　20
うりを自分の着物の中に入れて暖かくしておいた。それをはいた主人はと

ても喜び、またこの秀吉という人間に感心した、という話しである。そのような頭の良さと努力によって彼は高い地位にのぼっていったのである。

　日本人の生活の中では、言われたことを<u>やるだけではなく</u>₃、言われなくても、いつも相手の気持ちを考えて、その人が何を<u>してほしい</u>₄と思っているか、に気が付く必要がある。これは目上、目下の関係の中だけで大切なのではない。普通の人間関係においても、<u>たとえ</u>相手が何も<u>言わなくても</u>₅、その考えを分かってあげようとすることが大切である。

　日本は島国で文化や習慣の違う外国人が少なくて、日本人なら誰でも大体 (だいたい) 同じような考え方をしている。だから、ああしてくれ、こうしてくれと一々言う必要はないのである。日本は「言わなくても分かる」文化で、それ以外の国々は「言わなければ分からない」文化だと言ってもいい。このことが「日本人は分かりにくい民族だ」と言われる原因の一つかもしれない。

　秀吉は政治の世界の人間であった。<u>これに対し</u>₆千利休 (せんの りきゅう) という人はまったく別の芸術の世界の人間であった。彼はもともとは大阪の近くの堺 (さかい) という所の商人だったが、茶道を完成させたことで歴史に名前が残っている。茶を飲む習慣は中国から入ってきたものであり、思想的には仏教の禅 (ぜん) の影響 (えいきょう) を受けて発達した。茶道がどんなものであるかを知るためには、実際にそれを<u>経験してみるしかない</u>₇が、簡単に言えば、ある決まったルールにしたがって茶室でお茶を入れ、それを客に飲ませることである。

　普通、茶室は四じょう半の広さで、また庭からの入り口は約六十センチメートルほどの高さしかない。もちろん人は立ったままでは入れないし、さむらいは刀を茶室の外に置 (お) いて中に入ることになっていた。茶室の中ではさむらいとか商人とかの身分は忘れられなければならなかった。茶室は、ふだんの生活、ふだんの人間関係からはなれた特別な場所だというわけである。茶室と言えば、利休の作った「待庵 (たいあん) 」が有名である。これは最も狭い茶室であり、その広さはたたみ二じょうである。しかし実際の狭さにもかかわらず、この茶室に入った人は決 (けっ) して狭い

とは感じないそうである。

　また茶を飲む前に出される料理は懐石 (かいせき) と呼ばれる。もともと
はこれも客のために主人が心をこめて作るものであった。現在では茶道と
は別に懐石料理を専門に食べさせる店もある。そこへ行けば日本料理の伝
統を見、味わうことが出来る。このように飲んだり食べたりすることを芸　5
術にしてしまった国は、日本以外にはないだろう。

　利休は秀吉にとっても、最初はお茶の先生に過ぎなかったが、だんだん
二人の関係は深くなっていき、政治的なことについても相談されるほど秀
吉に信用されるようになった。ところが最後には、利休は秀吉にせっぷく
を命じられ、死んでしまうのである。なぜ彼が死ななければならなかった　10
かは、はっきりとは分からない。ただ次のような話しから、二人の関係を
色々と想像することは出来る。

　ある年のこと、利休は自分の庭にたくさんの朝顔を植えた。しばらくす
ると、とても美しく花が咲いた。当時、朝顔はまだ日本ではめずらしい花
だったのだろう。秀吉がそれを人から聞いて自分にも見せてほしいと言っ　15
てきたので、ある日、それを見せることになった。おどろいたことに、そ
の朝、利休は咲いていた朝顔の花を全部切ってしまった。そしてそのうち
の一輪 (りん) だけを茶室にかざっておいて、秀吉に見せたのである。

　秀吉はもちろん庭に咲く、たくさんの朝顔を楽しみにしていたはずであ
る。秀吉は黒という色の良さがどうしても分からず、いつも赤い茶わんを　20
使いたがり、またすべて金 (きん) で出来た茶室を作らせるような、はでな
ことが好きな人間であった。利休は庭の朝顔を切ってしまったら、秀吉が
喜ぶだろうとは **必ずしも考えてはいなかった** 8だろう。一般的に言っ
て、花の命はできるだけ大切にしたい、というのが人間の気持ちである。
だが芸術家としての利休は、たくさんの花をそのまま**見せるよりは**、美　25
しさを一輪の花に集めて **表現した方がよい** 9と思ったのではないだろう
か。茶室にかざられた、たった一輪の朝顔の中に、朝顔の美しさがもっと
高いレベルで表現されると考えたに違いない。この話しは彼の芸術や思想
を知るためのヒントにもなるし、二人の関係もよく表わしているように思
われる。　　　　　　　　　　　　　　　　　　　　　　　　　　　　　30

● Vocabulary and New Kanji ●

page 129

	秀吉 (ひでよし)	豊臣 (とよとみ) 秀吉 a famous general and statesman (1536~1598)
	利休 (りきゅう)	千利休 (せんの りきゅう) the greatest tea master and perfecter of the tea ceremony (1522 ~ 1591)
1	約 (やく)	approximately; about
	戦国時代 (せんごくじだい)	(1467 ~ 1568) the Era of the Nation at War
2	統一 (とういつ) する	unify
	おらず	＝いず＝いなくて [this おるhas no humble meaning]
3	（Xの）面 (めん) から見ると	looking from the point of view (of X)
4	地位 (ちい) に付 (つ) く	take (assume) a position
6	終 (お) わらせる	finish; end; [a causative form of 終わる]
7	低 ひくい	low
	身 み	身分 (みぶん) social class; status
	さむらい（侍）	samurai （＝武士ぶし）
8	努 ど	努力 (どりょく) （する） effort
9	農 のう	（農業 (のうぎょう) ＝ agriculture）
	農民 (のうみん)	farmer
10	取 (と) り上 (あ) げる	take away; confiscate
	彼 (かれ) ら	they
	弱 (よわ) める	weaken (v.t.)
13	いっそう	even more; still ~er
	はっきりした	clear; distinct [はっきり＝adv.]
	士 し	＝さむらい
	職 しょく	（職業 (しょくぎょう) ＝occupation）
	職人 (しょくにん)	craftsman; artisan
14	商人 (しょうにん)	merchant
		（商業 (しょうぎょう) ＝ commerce）
	封建 ほうけん	封建的 (ほうけんてき) な feudalistic
	制 せい	制度 (せいど) system
	すっかり	completely
	出来上 (できあ) がる	be established; form cf. Lesson 7 Note 1
20	主人 (しゅじん)	master; host(ess); husband

	（〜しない）ように	so that one does (not) / something will not
	ぞうり	Japanese sandals

1	（Xに）感心 (かんしん) する	be impressed (by X)
6	（X）において	[formal] ＝ (X)で ＝ in
8	島国 (しまぐに)	insular country （島＝island）
9	ああ／こう	＝あのように／このように
12	原因 げんいん	cause
14	政治 (せいじ)	politics （政治家＝ politician）
	人間 (にんげん)	human being
15	芸 げい	art; craft
	芸術 (げいじゅつ)	art （芸術家＝artist）
16	堺 (さかい)	a city near Osaka which began to flourish in the 15th c. because of the trade between Japan and Ming China
	茶道 (さどう／ちゃどう)	tea ceremony
	完 かん	完成 (かんせい) completion
	完成 (かんせい) する	become complete; become perfect
18	思 し	cf. 思 (おも) う think
	思想 (しそう)	thought; idea; philosophy （cf. 哲学 てつがく）
	禅 (ぜん)	Zen (Buddhism)
19	〜するしかない	there is no way but to 〜
20	簡単 (かんたん) に言えば	to put it simply; in short
	決 (き) まった	fixed; definite
	ルール	rule
	（Xに）したがう（従う）	follow (X)；（Xに）したがって＝ according to (X)
	茶室 (ちゃしつ)	tea (ceremony) room
		室 (しつ) 〜 room
		e.g. 教室 (きょうしつ) classroom
	茶 (ちゃ) を入 (い) れる	make (brew) tea
22	じょう	a counter for tatami mats
	センチメートル	centimeter
26	ふだん	usually; commonly
	はなれる	be separated; leave; go far away from
27	待庵 (たいあん)	a famous tea room in the Yamazaki district of Kyoto

Lesson 11

28	たたみ	rectangular straw matting (of about 1 X 2 yards in dimension)
29	決 けっして	決して～ない (never, by no means, not in the least)

page 131

3	心 (こころ) をこめて	with all one's heart; sincerely
5	味 (あじ) わう	taste
8	相談 (そうだん) (する)	consult; talk over
9	信用 (しんよう) (する)	trust
	せっぷく (する) (切腹)	a form of suicide practiced by samurai
10	命 (めい) じる	order (＝命令する)
12	想像 (そうぞう) する	imagine
13	朝顔 (あさがお)	morning glory
	植 うえる	plant (植物 しょくぶつ = plant [noun])
	する	[of time] elapse ＝たつ
14	咲 さく	bloom
	当時 (とうじ)	at that time; in those days
	めずらしい (珍しい)	rare; uncommon; unusual
15	～してくる	this くる indicates the incoming direction of the action
16	おどろいたことに	to one's surprise
18	輪 りん	a counter for flowers cf. 輪 (わ) ＝ a circle
	かざる (飾る)	decorate; display
19	（Xを）楽 (たの) しみにする	look forward to (X)
20	茶 (ちゃ) わん (茶碗)	teacup; (rice) bowl
21	すべて	entirely; all; entirety
	はで (な)	gaudy; bright; loud
23	般 はん ぱん	(一般 (ぱん) の ＝ general) cf. 船 ふね
	一般的 (いっぱんてき) に言って	generally speaking
26	集 あつめる	collect; gather; [here: concentrate] v.i. ＝ 集まる
	表 ひょう	diagram, table, list 時間表 (じかんひょう) ＝ time table cf. 表 (あら) わす＝ express, display, exhibit
	表現 (ひょうげん) する	express
27	たった	only (one)
28	レベル	level
29	ヒント	hint; clue

● Grammar Notes ●

(1) <u>誰でも高い地位に付けた</u> (Anyone could attain a high position.)

    cf. 誰も高い地位に付けなかった (No one could attain a high position.)

  誰(に)でも出来る (anyone can do)

  cf. 誰(に)も出来ない (no one can do)

  誰にでも会う (he sees anyone)

  cf 誰にも会わない (he sees no one)

  誰とでも話す (he speaks to anyone)

  cf. 誰とも話さない (he doesn't speak to anyone)

1 誰でも間違えるものです。(Anyone can make a mistake. / There is no one who doesn't make a mistake .)

2 こんな簡単(かんたん)な本だったら誰でも読めますよ。(If it is an easy book like this, anyone can read it.)

3 これは誰でも分かるというわけじゃない。(It isn't that just anyone can understand this.)

4 その仕事は誰もしたくありません。(No one wants to do that work.)

5 その部屋には誰も居ないようですね。(It seems no one is in that room, doesn't it?)

cf.   誰でもいい (anyone will do)

    誰でもいいからちょっと来て下さい。(Anyone will do. Someone please come.)

(2) <u>自由さ</u> (how free one is, the way in which one is free)

  cf. 自由 (freedom, liberty)

  Like 美しさ (how beautiful it is, the type of beauty) and 良さ (how good it is, what is good about something), 自由さ describes either type or degree of freedom.

1 勉強のおもしろさを知ったのは高校の時でした。(It was when I was in senior high that I learned the joy of learning.)

2 あのおゆの熱さを見て下さい。(Please check how hot that water is.)

3 あの人の着ていた洋服のはでさは一口では説明(せつめい)できません。(I can't describe [explain] in one word how loud the clothes he was wearing were.)

(3) <u>やるだけで(は)なく</u>＝やるばかりでなく (see Lesson 1, Note 8)

  (not only do it...but)

1 彼女の作った料理はおいしいだけでなく 見たところも美しい。(Not only do the dishes she prepares taste good, but they also look pretty.)

2 彼はすばらしい小説を書くだけではなく 料理も非常にうまい。(Not only does he write marvelous novels, but he also cooks expertly.)

(4) それを <u>してほしい</u>＝それをしてもらいたい (I want someone to do that for me.)

1 この仕事は誰にもしてほしくない。(I don't want anyone to do this work for me.)

2 あなたは私にこの手紙を読んでほしいんでしよう。(You want me to read this letter to you, right?)

3 山田さんはあなたに来てほしいらしいですよ。(It looks like Mr. Yamada wants you to come.)

(5) たとえ相手が何も言わなくても (Even if the other person says nothing)

たとえ (an example)　たとえば (for example)

たとえ.....ても（でも）(Even if something happens / no matter what the circumstances are)

1 雨が降っても行きます。(I will go even if it rains.)

たとえ雨が降っても行きます。(No matter what happens - even if, for example, it rains - I will go.)

2 やさしくても彼には分からない。(Even if it is easy, he won't understand it.)

たとえ子供にでも分かるようにやさしくても、彼には分からない。(Even if it is so easy that, for example, a child could understand it, he wouldn't understand it.)

3 病気になっても病院へ行かない。(Even if he gets sick, he won't go to a hospital.)

たとえどんな(に)ひどい病気になっても病院へ行かない。(No matter how serious an illness he comes down with, he won't go to a hospital.)

4 どんなに寒くてもオーバーを着ない。(No matter how cold it is, I don't wear an overcoat.)

たとえどんな寒くてもオーバーを着ない。(No matter HOW cold it is, I don't wear an overcoat.)

(6) これに対し（て）(In contrast to this / on the other hand)　cf. Lesson 9, Note 4

対する　(face, confront, be opposite to)

1 あの大学は小さいが古い歴史を持つ有名な大学だ。それに対し、この大学は新しく、学生の多い科学に強い大学だ (That college is a small but famous college with a long history.　In contrast, this university is new, has a large enrollment, and a strong science program.)

2 このへんは一月二月が一年の一番寒い時だが、それに対してオーストラリアではその時が一番暑い時だそうだ。(January and February are the coldest times of the year around here, but in contrast to that, I understand it is the hottest time of the year in Australia.)

3 昨日は天気が悪かったが暖かかったのに対して、今日は天気が良いが寒い。
(In contrast to the weather yesterday having been rainy but warm, today it is clear and cold.)

(7) 経験してみるしかない (There is no other way but to try [experience] it)

V＋しかない＝V＋以外に方法はない (there is no other alternative but to V / the only way is to V)

1 今日は日曜でバスもないし、車もこわれてしまったから、駅まで歩いていくしかない。
(Today is Sunday and there is no bus service.　Furthermore, my car is broken down.　So the only way to get to the station is to walk.)

2 スミスさんの電話番号は電話帳(ちょう)にないから、スミスさんの友達の山田さんに 電話をかけて 聞くしかない。(Ms. Smith's telephone number is not in the telephone book, so the only way (to find her telephone number) is to call Mr. Yamada, a friend of Ms. Smith, and ask him.)

3 この言葉(ことば)はもっと大きくていい字引で調べるしかない。 (To find [the meaning of] this word, there is no other way but to look it up in a larger and better dictionary.)

(8) 必ずしも考えてはいなかった ＝ 必ずしも考えていた（という）わけではない

(He was not necessarily thinking of it.)

必ずしも＋ X neg (not necessarily X). 必ずしも is always followed by a negative ending.

1 ねだんの高いものが必ずしもいいものだというわけではない。(Expensive things are not necessarily of good quality.)

2 体が弱い人が必ずしもみんな早く死ぬとはかぎらない。(It is not necessarily true that all frail people die young.)

3 コーヒーを飲んだ夜に必ずしもよく寝られないわけじゃないんですが、夜は飲まない ことにしています。(It isn't necessarily the case that I can't sleep well in the evening when I have drunk coffee, but I make a habit of not drinking (coffee) in the evening.)

4 金持ちはびんぼうな人より必ずしも幸せだとは言えない。(Rich people are not necessarily happier than poor people.)

(9) ～見せるより （は） ～表現した方がいい (It is better to express it by ～ rather than to show ～.)

Before 方, it is more common to use a past tense verb, but a present tense verb can also be used.

1 山田さんにうちに来てもらうより山田さんのうちへ行って仕事をした方が都合(つごう) がよい。 (It is more convenient to do the job by going to Mr. Yamada's house rather than having him come over to my house.)

2 道がこんでいるから車で行くより歩いて行った方が早い。(The streets are congested with cars, so it is faster to walk than to go by car.)

3 人に物をもらうより人に物を上げる方が気持ちがいい。(It feels better to give things to people than to receive things from people.)

● Grammar and Usage Exercises ●

1. 誰でも〜する

　例：こんな簡単なことが分からない人がいるでしょうか。

　　➡ いいえ、<u>誰でも</u>こんな簡単なことは<u>分かる</u>でしょう。

＊みなさんの中にひらがなが書けない人がいるでしょうか。

＊かぜをひいたことがない人がいるでしょうか。

＊アメリカ人はアメリカ人としか結婚できませんか。

2. 〜さ

　例：主人は私の仕事が<u>どんなに大変かということ</u>を分かってくれない。

　　➡ 主人は私の仕事の<u>大変さ</u>を分かってくれない。

＊実際にスキーをするまでは、それがどんなに楽しいか分からなかった。

＊私はこの本でその国の人々の生活がどんなに苦しいかをみなさんに伝えたい。

＊その山がどんなに美しいかを（そのまま）絵にすることはむずかしい。

3. 〜だけでなく ... も

　例：今度の旅行には、子供も犬も連れていこうと思っている。

　　➡ <u>子供だけでなく犬も</u>連れていこうと思っている。

＊秀吉は政治にも芸術にも興味があった。

＊その音楽家はピアノもバイオリンも上手にひける（ひく＝ play）。

＊彼は日本語がよく話せるし、日本の新聞や雑誌も日本人と同じように読む。

4. V-て　ほしい

　例：あなたは、あなたの会社の社長にどんなことを<u>してもらいたい</u>ですか。

　　➡ 私は<u>社長に</u>給料を<u>高くしてほしい</u>んです。

＊あなたのご両親は、あなたに何をしてもらいたいでしょうか。

＊先生にどんなことを教えてもらいたいのですか。

＊ルームメイトにどんなことをしてもらいたたくありませんか。

5．たとえ～ても

　例：仏教を信じていなかったら、日本人はお寺で、そう式（＝funeral）をしません

　　　か。➡いいえ、たとえ仏教を信じていなくても、お寺でそう式をします。

＊ねむかったら学校へ行きませんか。

＊雨が降ったらフットボールのしあいはしませんか。

＊中国語が分からなかったら、中国へ旅行してもぜんぜんおもしろくないでしょうか。

6．Xに対して

　例：日本人はお米を食べる／アメリカ人はパンを食べる

　　➡日本人がお米を食べるのに対して、アメリカ人はパンを食べる。

＊日本では当時男性は漢字を使った／女性はひらがなを使った

＊クリスチャンは教会へ行く／イスラム教を信じる人はモスクへ行く

＊小説はその国のことばを学ばなければ分からない／絵や音楽はどこの国の人にでも分

　かる

7．Vしかない

　例：お金がほしかったら➡働くしかない／両親に頼むしかない

＊車にガソリンを入れたかったら、

＊日本語を上手に話せるようになりたかったら、

＊漢字の意味を調べたかったら、

8．必ずしも～ない（～［という］わけではない）

　例：ねだんの高い料理は安いものよりおいしいですか。

　　➡いいえ、ねだんの高い料理が必ずしもおいしいわけではありません。

＊病気ばかりしている人は早く死にますか。

＊どんな物でも高級な物の方が使いやすいですか。

＊アメリカ人とカナダ人は色々な点で似ていますが、すべて（＝全部）のことについて
　同じ考え方をしていますか。

９．Vより　V-た方が　いい／おもしろい／はやいetc

　　例：タクシーで行く／地下鉄で行く

　　　➡タクシーで行くより地下鉄で行った方がいい。（はやい）。

＊この話しは映画で見る／小説で読む

＊安いものをたくさん買う／少なくてもいいから、良いものを買う

＊食べ物がぜんぜんない／まずくても何か食べ物がある

1. a. その子供がうそばかりついている（うそをつく＝tell a lie）ことは、その村では

   <u>誰でも</u>知っている。

   b. <u>どんな身分の人でも</u>茶室に入れましたか。

2. ふだん人々はけんこうの<u>大切さ</u>を忘れている。

3. 江戸時代も後の方になると、さむらい<u>だけでなく</u>、力のある商人<u>も</u>刀が持てるように

   なった。

4. 先生に質問ばかりしないで、もっと自分で調べたり、考えたり<u>してほしい</u>ね。

   cf. 茶道に興味があるので、そのための<u>茶わんがほしい</u>んですが、どんなのを買ったら

   いいか教えてください。

5. <u>たとえ</u>国のためにするものであっ<u>ても</u>、私は戦争に反対します。

6. 島田君は、よく考えてから何かをする<u>のに対して</u>、山口君は何かをした後で考える。

   私はいつも考えながらすることにしている。

7. この外国語はむずかしいが、人（＝ほかの人）に命令されて始めたのではなく、自分

   でやろうと決めたのだから、最後まで<u>やるしかない</u>だろう。

8. 医者が、<u>必ずしも</u>普通の人より長生 _(ながい) きする（＝ live long）という<u>わけではな</u>

   <u>い</u>。

9. 自由のない国で<u>生きるよりは</u>、自由のために戦って<u>殺された方が</u>いいと彼は考えた。

1. a. If only one practices, <u>anyone</u> can become able to play tennis.

   b. Does <u>every society</u> （＝どんな社会(に)も） have the problem of a part of its people

      being discriminated against?

2. Anybody would be surprised at her <u>brightness</u> [how bright she is].

3. <u>Not only</u> cars which use gasoline <u>but also</u> cars which run by electricity are being used in that

   city.

4. If possible, <u>I'd like for you to come home</u> and help get dinner ready before it gets dark.

   cf. If you <u>want a high-class car</u> like a BMW, then work and buy it with your own money.

5. <u>Even if</u> I were paid [=given money], I wouldn't want to go to see a movie with such a person.

6. <u>As opposed to our using</u> a knife and fork, they use chopsticks.

7. No matter what the sport, if you want to get good at it, <u>there is no way but to try it.</u>

8. The economic and cultural development of a country <u>do not necessarily progress</u> （＝すすむ）

   at the same rate [=time].

9. It would be <u>better to die than to live</u> like a pig(＝ぶた), thinking nothing.

● Questions ●

1. 戦国時代というのはどんな時代でしたか。

2. 豊臣秀吉はなぜ日本で人気がありますか。彼は国を統一した後、どんなことをしましたか。

3. 江戸時代の社会の特徴について説明しなさい。

4. 秀吉は低い身分から高い地位にのぼっていくために、たとえばどんな努力をしましたか。

5. 日本は「言わなくても分かる」文化だというのは、どんな意味ですか。

6. 茶道は思想的には何の影響を受けて発達しましたか。茶道のような芸術が日本以外にもあるでしょうか。

7. 茶室は普通の部屋に比べて、どう違いますか。庭からの入り口を狭くしてあるのは、どうしてですか。

8. 利休と秀吉との関係はどのように変わっていきましたか。

9. 秀吉が楽しみにしていた朝顔を見に来た時、利休はどんなことをしましたか。

10. どんなものを美しいと考えるか、秀吉と利休の違いを説明しなさい。

● Writing Exercise ●

Write about a historical figure in whom you are interested, including an anecdote about him / her.

12. 世界の経済
On the World Economy

● **Main Text** ●

　アメリカ人も日本人もコーヒーが好きだ。店で飲むコーヒーのねだんが
アメリカでは一ぱい一ドル前後で、日本では五、六百円だという違いは
あっても、とにかくコーヒーをよく飲む。しかし、アメリカも日本も、自
然条件の<u>せいで</u> 1、ハワイをのぞいて、自分の国でコーヒーの木を<u>育て
ることは無理である</u> 2。どちらの国も、中南米を始めとして、アフリ　　　5
カ、中東、東南アジアなどの国々から輸入している。 以前の日本では、
ご飯を食べるたびに、お米を作ってくれた農民に感しゃしなければならな
い、と言ったものであるが、それと同じようにコーヒーの好きな人達は、
これらの国でコーヒーを植え、豆をつみ取ってくれる人々に感しゃしなけ
ればならないのだろう。　　　　　　　　　　　　　　　　　　　　　　10

　しかし、たとえばコーヒー輸出国であるコスタリカの場合、元気のいい
若者が一日中、一生けんめい豆をつみ取っても、一日のかせぎは十ドルに
しかならないと言われている。輸出する時のコーヒーのねだんは不安定
で、安くなった時に輸出国が輸出量をふやせば、その結果、ねだんはもっ
と安くなり、安くなれば、さらに輸出量を<u>ふやさざるを得 (え) なくな</u>　15
<u>る</u> 3。輸出国の経済は、先進国の大会社にコントロールされていて、人々
の生活はなかなかゆたかにならない。

　このような問題は南北問題と呼ばれている。コーヒー輸出国のように産
業がまだあまり発達していない国々は、主に地球の南の方にあり、先進国
は主に北の方にあるからである。 ８０年代までの国際政治では、米ソの対　20
立、つまり「冷たい戦争」が一番重要な問題であった。 しかし、９０年に
東ドイツと西ドイツの統一が決まり、９１年にはソ連もなくなったことに

よって、世界はまったく新しい時代に入った。そして「東西 (とうざい)」
の時代から「南北」の時代に変わったと言われるほど、南北問題は、現
在、重要なものになっている。

　この問題について、これもやはり私達のよく食べる物であるエビの場合
を考えてみよう。たとえばインドネシアの人々は、エビを育てて、日本に
売る。エビを育てるのには、マングローブの木の生えている所が最も条件
がいい。だから彼らは大切なマングローブの木を切って、そこでエビを育
てる。このようにして「南」の国々の自然はこわされていく。しかし、そ
んなことまでして育てた高級なエビは、もちろん日本へ輸出するための物
であって、決して彼らの口には入らない。また、日本の大会社がエビを大
きな船で海に出て取る場合を考えると、一キロのエビを取るために十キロ
の石油が使われると言われる。そしてエビといっしょに取れた魚（それは
エビの七倍の量になる）は海に捨てられる。

　このようなことをして、日本人はゆたかな生活を楽しんでいるわけであ
る。これが現在の経済なのである。以上のことから分かるように、南北問
題は経済問題であると同時に、環境問題でもある。このほか「南」の国々
の中でも石油などの資源のある国は、それを輸出することによってゆたか
になっていくのに対して、輸出できる資源のない国はますます貧しくなる
という、<u>いわゆる</u>「<u>南南</u> (なんなん)」<u>問題</u>₄もこれから大きくなってい
くであろう。

　最近の世界経済の特徴としては、もう一つ<u>地域主義</u>₅がある。以前のよ
うに世界を二つに分ける「東西」のブロックがなくなってしまった現在
何か別の地域的なブロックが必要になっているのかも知れない。以前は
ヨーロッパには「欧州共同体」(EC) があったが、一九九三年には、
それに代って「欧州連合」(EU) が出来た。その目的が、ヨーロッパの
国々が協力し、その経済をまもり、強くすることである<u>のは言うまでも
ない</u>₆。ヨーロッパの国々は「一つのヨーロッパ」として人口約三億四
千万人の大きな市場を作っていこうとしている。アメリカはすでにカナ
ダ、メキシコとの間でかなり自由な貿易を行なっている。経済力を強くす
るため、アメリカも地域的なブロックを作らざるを得ないのであろう。

アジアでもアメリカなどをふくめた「アジア太平洋経済協力」(APEC)
というものが出来ていて、地域主義にむかっているようである。しかし、
EU のように、アジア全体を統一された市場にすることはむずかしい。ま
ず、アジアは広過ぎる。アジアの一番南にあるインドネシアまで東京から
飛行機で七、八時間もかかる。また国々の経済力、生活水準には違いがあ [5]
り過ぎる。さらにヨーロッパや北米 (ほくべい) の国々が、比較的似たよう
な文化、宗教を持っているのに対して、アジアの場合は違いが大きい。そ
して始めに説明したように、南北問題が最もはっきりした形で出てきてい
るのもアジアなのである。だから、アジアでも APEC のような地域主義
が進んでいるとは言っても、EU とは違って、色々な分野で国々が協力す [10]
ることを第一の目的にしている。

　このような世界の中で、日本は今どんなことを<u>するべき</u>[7]なのだろう
か。いったい日本には本当の友達だと言えるような国があるだろうか。
アメリカとの関係が一番深いことはたしかだが、すぐとなりの中国や韓国
との関係も同じように大切である。日本には資源がないから外国とうまく [15]
<u>付き合っていかねばならない</u>[8]というような経済的な理由からばかりで
はなく、文化的なこともふくめて、外国との良い関係を作っていくことが
重要である。産業や教育や環境問題などの面で、日本がほかの国と協力で
きることはたくさんある。現在は、日本が協力によって友達を作るいい
チャンスのはずである。 [20]

● Vocabulary and New Kanji ●

2	前後 (ぜんご)	about, around; before and/or after (behind)
3	とにかく	anyway; in any case
4	（Xの）せいで	because (of X) cf. せい = blame; fault
	のぞく	remove; eliminate; exclude
	育 そだてる	grow; raise; bring up (v.t.) cf. v.i.= 育つ
		（教育きょういく=education）
5	無理 (むり) （な）	impossible; unreasonable
		cf.無理に、無理やり = by force
	中南米 (ちゅうなんべい)	Central and South America
	（Xを）始 (はじ) め（として）	from X on down; beginning with X;
		to say nothing of X cf. X はもちろん
6	中東 (ちゅうとう)	Middle East
	東南 (とうなん) アジア	Southeast Asia
		cf. 東 (ひがし) アジア =East Asia
7	（Xに）感 (かん) しゃする	thank X; be grateful; appreciate
8	…したものだ	used to do ...; would do ...
9	豆 まめ	bean
	つみ取 (と) る	pick (beans)
11	輸出国 (ゆしゅつこく)	exporting country
	コスタリカ	Costa Rica
12	一生 (いっしょう) けんめい	very hard; with all one's might
	かせぎ	earnings; income; pay cf.かせぐ（work; labor; earn[money]）
13	不安定 (ふあんてい)	instability 不安定な = (unstable)
	不 (ふ) …	un-; dis-; non- e.g. 不便な、不必要な cf. 安定
		した（している）＝stable
14	量 りょう	amount cf. 質 (しつ) =quality
	ふやす	increase (v.t.) cf. v.i. = ふえる
	果 か	その結果 (けっか) as a result
15	得 える	get
	～せざるを得 (え) ない	there is no alternative [choice] but ~; have to do ~
16	進 しん	（すすむ＝proceed; advance [v.i.]）
	先進国 (せんしんこく)	advanced country

147   **Lesson 12**

		cf. developing country = 発展途上国 (はってん とじょうこく)
	大会社 (だいがいしゃ)	big company
	コントロールする	control
17	ゆたか（な）（豊か）	rich
18	南北問題 (なんぼくもんだい)	North-South problem
	産業 <u>さん</u> <u>ぎょう</u>	industry
		cf. 工業 (こうぎょう) manufacturing industry
		（農業 (のうぎょう) ＝ agriculture）
		（商業 (しょうぎょう) ＝ commerce）
19	球 <u>きゅう</u>	(ball e.g. 野球 やきゅう = baseball)
	地球 (ちきゅう)	the earth; the globe
20	国際政治 (こくさいせいじ)	international politics
		cf. 国際的な ＝international
	米 (べい) ソ	United States and Soviet Union
	（と）対立 (たいりつ) する	conflict (with); confront
21	冷 (つめ) たい戦争 (せんそう)	Cold War
	重 <u>じゅう</u>	(<u>おも</u>い＝heavy)
	重要 (じゅうよう)（な）	important
22	なくなる	disappear; pass away

page 145

4	やはり	also; likewise; [here: コーヒーと同じように エビも]
	エビ	prawn; lobster; shrimp
5	インドネシア	Indonesia
6	マングローブ	mangrove
	生 (は) える	grow
8	こわす	destroy; damage (v.t.)
		v.i. = こわれる (be destroyed)
9	まで	even; [here: ...までする= go so far as to do ...]
11	キロ	kilogram
12	油 <u>ゆ</u>	(<u>あぶら</u>＝(cooking) oil)
	石油 (せきゆ)	petroleum; oil
	取 (と) れる	be gotten; be harvested, be yielded
14	楽 (たの) しむ	enjoy

16	環境 <u>かん</u> <u>きょう</u>	environment
17	資源 <u>し</u> <u>げん</u>	resources cf. 原 (原因げんいん＝cause)
18		ますます	more and more
	貧 <u>まずしい</u>	poor
19	いわゆる	so-called
21	域 <u>いき</u>	（地域ちいき＝region）
	義 <u>ぎ</u>	（主義しゅぎ＝~ism e.g.
		社会しゃかい主義＝socialism
		自由じゅう主義＝liberalism）
	地域主義 （ちいきしゅぎ）	regionalism
22	分 (わ) ける	divide; split
	ブロック	bloc
24	欧 <u>おう</u>	欧州 (おうしゅう) (Europe)
	共 <u>きょう</u>	共同 (きょうどう) (cooperation, community)
	欧州共同体 （おうしゅうきょうどうたい）	European Communitiy (EC)
25	代 <u>か (わ) る</u>	replace
	連合 （れんごう）	union, league cf. 国際連合 (United Nations) 国連 (U.N.)
	欧州連合	European Union (EU)
26	協 <u>きょう</u>	
	(X)と協力 (きょうりょく) する	cooperate (with X)
	まもる （守る）	protect;defend
27	億 <u>おく</u>	一億＝100 million
28	市 <u>し</u>	city, municipality
		cf. 市 (いち) or 市場 (いちば) ＝market for daily life shopping
	市場 （しじょう）	market; center of commerce; system for commerce
	すでに	already
29	メキシコ	Mexico
	貿易 <u>ぼう</u> <u>えき</u>	trade cf. 場 (ば、じょう)

page 146

1	ふくめる （含める）	include

149   **Lesson 12**

	太 <u>たい</u>	cf. 太郎 (たろう) =Taro　太 (ふと) い = fat
	太平洋 (たいへいよう)	Pacific Ocean
	アジア太平洋 (たいへいよう) 経済協力 (けいざい　きょうりょく)	
		Asian-Pacific Economic Cooperation
		cf. ASEAN　アセアン
2	(X に)むかう　（向かう）	head for; go toward (X)
5	生活水準 (せいかつすいじゅん)	standard of living
6	比較 <u>ひ かく</u>	comparison
	比較的 (ひかくてき)	comparatively
		cf. 比較する＝比 (くら) べる
		＝ compare　Lesson 3
10	進 (すす) む	proceed; advance; move
	...とは言 (い) っても	even though (one said) ...
	分野 (ぶんや)	field (of study, industry, etc.)
11	第 <u>だい</u>	第一 (だいいち) の　(the first; primary)
	Xを目的 (もくてき) とする	consider X as its purpose
14	...ことはたしかだ	it is certain [true] that ...
16	（Xと）付 (つ) き合 (あ) う	associate; go out with X; [of countries] have relations
18	教育 (きょういく)　（する）	education
20	チャンス	chance

● Grammar Notes ●

(1) 自然条件の<u>せいで</u> (due to the natural conditions)

   X のせい(because of X, due to X, often blaming or pointing a finger at X)

1 あまいものを食べ過ぎたせいでこんなに太りました。

   (Due to eating / Because I've eaten too much sweets, I've gained this much weight.)

2 これは誰のせいでもない。(No one should be blamed for this.)

3 空気がきれいなせいか今晩は星がよく見える。(The stars are clearly visible tonight, perhaps because the air is so clean.)

(2)コーヒーの木を<u>育てることは無理である</u>。(It is impossible to grow coffee plants.)

   V＋ことは無理だ (it is impossible [unreasonable / too much to expect] to V)

1 明日までにこの仕事をすませることは無理です。(It is impossible to finish this work by tomorrow.)

2 日本語を一年しか勉強していない学生にこんな本（を読ませること）は無理じゃありませんか。(Don't you think that reading this book is too much to expect from a student who has studied only one year of Japanese ?)

3 こんな小さい台所で百人前の食事を作ることは無理だと思いましたが、やってみたら出来ました。(I first thought it was impossible to prepare food for 100 people in this small kitchen, but when I tried it, I was able to do so.)

cf. 無理に (forcibly) 食べたくなかったら無理に食べなくてもいい。(If you don't want to eat it, you don't have to force yourself.)

cf. 無理をする (overdo it / strain oneself) 病気がなおったばかりだから無理をしないで下さい。(Since you have just recovered from your sickness, please don't overexert yourself.)

(3) 輸出量を<u>ふやさざるを得なくなる</u>。 (There will be no alternative but to increase the amount of exports.)

   ふやさざる(the literary form of ふやさない)

   V＋ざるを得ない (there is no alternative but to V / one can not help V-ing)

   行かざるを得ない＝行くよりほかに方法はない / 行かないわけにはいかない

1 花子さんが私のためにわざわざ作ってくれた物だから食べざるを得なかった。

   (I had no choice but to eat it, because it was something Hanako made specially for me.)

2 英語の分からない日本人といっしょに暮らしているから毎日日本語を話さざるを得ない。

   (Since I live with a Japanese who doesn't understand English, there is no alternative but to speak Japanese every day.)

3 毎日のように試験があるから勉強せざるを得ない。(I have no choice but to study, because we have a test almost every day.)

   cf. 勉強せざる＝勉強しない (せざる is the literary form of しない.)

(4)いわゆる「南南問題」もこれから大きくなって行くだろう。(So-called Problems of South vs. South will become serious from now on.)

1 いわゆるコーヒー通（つう）と呼ばれる人はコーヒーを一口飲んだだけでどこの会社のコーヒーか分かるそうですが，本当ですか。(I heard that a so-called coffee connoisseur can identify which company's coffee he is drinking with just one sip. Is that true?)

2 いわゆる「先進国」がどうして地球の北の方にあるか考えてみました。(I tried to figure out why most of the so-called advanced countries are situated in the northern hemisphere.)

(5) もう一つ地域主義がある (There is another (characteristic), which is regionalism.)

　　主義 (a principle, a doctrine, an ism)

1 アメリカは民主主義の国であるが　人々は個人（こじん）主義だ。(America is a democratic country but the people are individualists.)

2 今世界に共産（きょうさん）主義の国がいくつありますか。(How many communist countries are there in the world today?)

3 山田さんは仕事に行かない日でも朝早く起きる主義です。(Mr. Yamada makes it a principle to get up early in the morning even on the days he does not go to work.)

(6) こと／のは言うまでもない。(Needless to say / It goes without saying that)

1 そのニュースを聞いて山田さんが喜んだことは言うまでもない。(Needless to say, Mr. Yamada was very happy to hear that news.)

2 当時文明（ぶんめい）の中心だった中国にほかの国々から多くの人々が勉強に行ったことは言うまでもない。(It goes without saying that many people from other countries went to study in China, which was the center of civilization then.)

(7) 日本はどんなことをするべきなのだろうか。(What should Japan do?)

　　V べきだ　(should/ought to V)

　　べき is often expresses unwritten law, or social or moral obligation.

　　するべき (sometimes すべき)

1 青山さんは会社をやめるべきです。(Mr. Aoyama should resign from the company.)

2 そんなことはほかの人に言うべきではない。(We should not say such things to anyone else.)

3 今日中にすべきことはもう全部してしまった。(I have done everything I should do today.)

(8) 外国とうまく付き合っていかねばならない。(We have to keep on getting along well with foreign countries.)

　いかねば　(here ね is the classical form of なけれ)

　行かねばならない＝行かなければならない (must go)

　irregular: せねばならない＝しなければならない　Note (3)

1 この薬は朝食前に飲まねばならない。(I have to take this medicine before my breakfast.)

2 読まねばならない本が山のようにある。(There are mountains of books that I must read.)

cf. classical form of ない is ぬ　thus, 行かぬ＝行かない

　行かねばならぬ　（行かなければならない）

152

● Grammar and Usage Exercises ●

1．～せいで

　例：寒かったので、人が死んだ。➡ <u>寒かった（寒さの）せいで</u>、人が死んだ。

＊コーヒーを飲んだので、寝られない。

＊天気が悪いので、月が見えない。

＊工場が煙を出すので、空気が悪い。

2．Vこと（の）は無理だ

　例：一日に漢字を１００も覚えられますか。

　　➡ いいえ、一日に漢字を１００も覚える<u>ことは無理</u>です。

＊本を読みながら車をうんてん出来ますか。

＊国連の力を借りずに戦争をやめられまますか。

3．Vざるを得ない

　例：日本語の本が読めるようになりたいので ➡ 漢字を<u>覚えざるを得ない</u>。

＊手伝ってくれる人が居ないので、

＊東京では土地のねだんも家賃も高いので、

＊相手が私を殺そうとしたので、

4．いわゆる～

　例：<u>いわゆる「死の商人」</u>というのはどんな意味ですか。➡ いわゆる「死の商人」と

　　いうのは、武器（ぶき＝weapons）を売る商人という意味です。

＊いわゆる「きれいなエネルギー」というのは何ですか。

＊いわゆる「日本的経営（けいえい＝management）」というのはどんなものですか。

5．〜主義

　例：江戸時代はどんな（何主義の）時代でしたか。

　　➡ 封建 (ほうけん) 主義の時代でした。

＊政治制度にはどんな種類がありますか。

＊日本やアメカは何主義の国だと言えますか。（➡ 自由主義／資本 (しほん)

　主義=capitalism etc.）

6．〜こと（の）は言うまでもない

　例：東京の物価は高い。➡ 東京の物価が高いことは言うまでもない。

＊アメリカはさまざまな民族から出来上がっている。

＊日本は資源の少ない国だ。（➡ 〜であることは）

＊環境問題は現在最も重要である。

7．Vべきだ

　例：私達は環境をまもるために、どんなことをす（る）べきですか。

　　➡ 車を使わずに、なるべく歩くべきです。

＊日本とアメリカはどんなことについて協力す（る）べきでしょうか。

＊学生が、まずす（る）べきことは何ですか。

8．Vねばならない

　例：今すぐ出かけなければならない。➡ 出かけねばならない。

＊学校を卒業 (そつぎょう) した後の仕事を来月までに決めなければならない。

＊人間はたんぱく質 (=protein)のほかに、何を食べ（取ら）なければなりませんか。

＊日本がどうしても輸入しなければならないのは、どんな物か考えてみよう。

1. その悪人が地ごくへもどれと大声で<u>命令したせいで</u>、くもの糸は切れて、彼もほかの
   悪人達もみんな血の池へ落ちていった。

2. 車に乗って昼も夜も走り続ければ、ニューヨークからロサンジェルスまで五、六日で
   <u>行くことも無理ではない</u>が、せっかく車で行くのだから、途中で色々な町や自然を
   見ながら行った方がいい。

3. この法律は間違った考え方にもとづいていて、私は変えるべきだと思うが、今はまだ
   この国の法律なのだから、それが命じる通りに<u>せざるを得まい</u>。

4. 日本語の<u>いわゆる</u>「外人」ということばには、日本人と外国人はまったく違うのだと
   いう気持ちが強く表わされているような気がする。

5. <u>民主</u>(みんしゅ) <u>主義</u>(＝democracy) という政治制度が、すべての点で理想的なものだと
   は言えない。多くの人の賛成する政策でも、それが必ずしもいつも一番良いという
   わけではないからである。

6. この三、四十年の間に地球の環境が<u>悪くなってきたことは言うまでもない</u>が、ずっと
   昔、人が林の木を切り、畑を作るようになった時に、もう自然はこわされ始めて
   いたのである。

7. 地域主義がその地域だけの協力を目的として、それ以外の地域との協力に反対するも
   のであるなら、そんなものは<u>進めるべきではない</u>というのがその学者の考えだった。

8. 政府の行なうべきことは多いが、まず第一に<u>考えねばならない</u>のは教育であろう。

■ English → Japanese ■

1. <u>Because</u> Rikyuu had cut all the flowers that Hideyoshi wanted to see, Rikyuu was ordered to commit *seppuku*.

2. <u>It is impossible to</u> make the whole region of Asia a unified market in which all countries trade under the same conditions.

3. Because Christianity was prohibited in the Edo period, believers <u>had to [had no choice but to]</u> <u>give up</u> their faith or hide it from others.

4. What is the <u>so-called</u> Third World?

5. There are several （＝いくつかの） <u>socialistic</u> aspects to the political system in Japan.

6. <u>It goes without saying that</u> no advanced country can continue to develop if it does not cooperate with other countries.

7. The color of the clothes people <u>should</u> [<u>ought to</u>] wear at a funeral or a wedding differs depending on the country.

8. What (kinds of things) <u>should</u> we do to protect the environment (of the earth) ?

● Questions ●

1. 日本やアメリカでコーヒーの木が育たないのはどうしてですか。

2. 日本では、ご飯を食べるたびに、どんなことを言いますか。

3. コーヒー輸出国の人々の生活は、なぜなかなかゆたかにならないのですか。

4. ８０年代までの国際政治と、その後の国際政治を比べると、どんな点が大きく違いますか。

5. インドネシアの人々はどんなふうにして日本人の食べるエビを育てていますか。

6. 現在、世界にはさまざまな環境問題がありますが、それについて説明してください。

7. 南北問題、それから南南問題というのは、どんな問題ですか。

8. ヨーロッパの人々はどんな目的でEUを作ったのでしょうか。それはアメリカの経済にとって、良いものでしょうか。

9. これから何年かしたら、アジアにもEUのように統一された市場が生まれそうですか。

10. 日本とアメリカの経済を資源の点から比較してください。

● Writing Exercise ●

Write about some problem in the economy of the U.S. or the world.

How could one solve （＝かいけつする） the problem?

● Grammar Notes Index ●

Grammar Notes	Lesson	Note
ばかり（日本へ来たばかりです）..................................	1	1
はず（分かるはず）..................................	1	2
しか〜ない（二年しか勉強していない）..................................	1	3
ことにしている（やることにしている）..................................	1	4
うちに（若いうちに）..................................	1	5
V-ばよかった（もっと勉強しておけばよかった）..................	1	6
見える..................................	1	7
ばかりでなく（そればかりで（は）なく）..................................	1	8
とか..................................	1	9
ほど／くらい（泳げるほど／おどろくくらい）......................	2	1
やはり／やっぱり..................................	2	2
当り前..................................	2	3
ばかり（外国人ばかり）..................................	2	4
V-よう／-Vおう／etc. と思う（買おうと思う）..................	2	5
のに（決めるのに困る）..................................	2	6
V-てある（書いてある）..................................	2	7
V-てよかった（来てよかった）..................................	2	8
ことになる（連れて行ってくれることになった）..................	3	1
みたい（コロンボの車みたいだ）..................................	3	2
だけ（新しい車が買えないだけです）..................................	3	3
ために（経済けいざいのためには）..................................	3	4
上（に）（その上に）..................................	3	5
世話になる（あそこにお世話になる）..................................	3	6
V-ようか／おうか／etc. と思う（しようかと思う）..................	3	7

V- てみる（行ってみる） . . . . 4　　　1

の（山田さんが来るのが見えた） . . . . 4　　　2

ないかと思う（ゆめではないかと思う） . . . . 4　　　3

ながめられ（verb stem used as conjunction） . . . . 4　　　4

である . . . . 4　　　5

どうしても〜ない（どうしても見つからなかった） . . . . 4　　　6

まま（出たまま） . . . . 4　　　7

ように言う（あけないように言われた） . . . . 4　　　8

ように（違うように） . . . . 5　　　1

V- てくる（変わってくる） . . . . 5　　　2

には（アメリカ人には） . . . . 5　　　3

わけではない（ベジタリアンというわけではない） . . . . 5　　　4

V- よう／V- おう／etc. とする（肉を食べようとしました） . . . . 5　　　5

どちらかと言えば . . . . 5　　　6

わけにはいかない（食べるわけにはいきません） . . . . 5　　　7

何と／何て（何と[何て]むずかしいことばだろう（か）） . . . . 6　　　1

くらい／ぐらい（Xは外来語くらい／ぐらいのものだ） . . . . 6　　　2

なくては／なくちゃ（聞かなくては／聞かなくちゃ） . . . . 6　　　3

よって（研究によってはっきりしている） . . . . 6　　　4

必要がある（書く必要がない） . . . . 6　　　5

〜もあれば〜もある（分かりやすいものもあれば

　　　　　　　　　分かりにくいものもある） . . . . 6　　　6

出来ている（出来上がっている） . . . . 7　　　1

〜がる　（独立したがっている） . . . . 7　　　2

的に／な（歴史的に／な） . . . . 7　　　3

とすれば／としたら . . . . 7　　　4

やってくる . . . . 7　　　5

まい（Xがへることはあるまい） . . . . 7　　　6

どんな（に）〜ても／でも（どんなに小さくても） ..... 8　　　1

わけではない（病気をしたわけでは[も]ない） ..... 8　　　2

〜もし（て）〜もする（心配にもなり、またがっかりもした） .... 8　　　3

Xに違いない（仕事があるに違いない） ..... 8　　　4

こそ（今日こそは姫をいただいて行く） ..... 8　　　5

ぞ（行くぞ） ..... 8　　　6

て（で）仕方がない（不便で仕方がない

　　　　　　　　　／しょうがない／たまらない） .... 8　　　7

Xへの（中国への旅） ..... 9　　　1

ような気がする（外国へいくような気がした） ..... 9　　　2

さえ　〜れば／えば／etc. (時間がありさえすれば) ..... 9　　　3

Xに対して（日本人に対して) to/toward ..... 9　　　4

大して　大した（大して役に立たない　大した問題） ..... 9　　　5

考え方をする ..... 9　　　6

V 気になる（手紙を書く気になった） ..... 9　　　7

そう（しずみそうになる） ..... 10　　　1

とたん（終わったとたん） ..... 10　　　2

性（人間性） ..... 10　　　3

時（人がなくなった時） ..... 10　　　4

もとにする（このような信仰をもとにして） ..... 10　　　5

V 合う（まざり合う） ..... 10　　　6

に過ぎない（一パーセントに過ぎない） ..... 10　　　7

もの（すぐ捨てられるものではない） ..... 10　　　8

Xにとっては（信者にとっては） ..... 10　　　9

〜えば／れば／etc. 〜ほど（強ければ強いほど） ..... 10　　　10

にもかかわらず（政策にもかかわらず） ..... 10　　　11

誰でも／誰にでも（誰でも高い地位につけた） ..... 11　　　1

さ（自由さ） ..... 11　　　2

だけでなく（やるだけでなく） ..... 11　　　3

160

Vてほしい（それをしてほしい）．．．．．．．．．．．．．．．．．．．．．．１１　　　４

たとえ〜ても／でも（たとえ相手が何も言わなくても）．．．．．．．．．．．．１１　　　５

Xに対して（これに対して）in contrast to ．．．．．．．．．．．．．．．．．．．．１１　　　６

Vしかない（経験してみるしかない）．．．．．．．．．．．．．．．．．．．．．．．１１　　　７

必ずしも〜ない（必ずしも考えてはいなかった）．．．．．．．．．．．．．．．．．１１　　　８

Vより〜した方がいい（見せるより表現した方がいい）．．．．．．．．．．．．１１　　　９

せい（自然条件のせいで）．．．．．．．．．．．．．．．．．．．．．．．．．．．．１２　　　１

無理（コーヒーの木を育てることは無理である）．．．．．．．．．．．．．．．．．１２　　　２

Vざるを得ない（輸出量をふやさざるを得なくなる）．．．．．．．．．．．．．．．１２　　　３

いわゆる．．．．．．．．．．．．．．．．．．．．．．．．．．．．．．．．．．．．．１２　　　４

主義（もう一つ地域主義がある）．．．．．．．．．．．．．．．．．．．．．．．．．１２　　　５

言うまでもない（〜ことは言うまでもない）．．．．．．．．．．．．．．．．．．．１２　　　６

べき（日本はどんなことをするべきなのだろうか）．．．．．．．．．．．．．．．．１２　　　７

Vねばならない（外国とうまく付き合っていかねばならない）．．．．．．．１２　　　８

Grammar Notes Index

● Kanji Index ●

Reading   Kanji .... Lesson

A （あ）

あい......相 6
あじ.....味 5
アク ....悪 10
あら(わ)..表 (す) ... 6
あた......与 (える) ... 10
あたま...頭 5
あつ......集 (める／まる) ..11

B （ば～ぶ）

バク......幕 10
ベツ......別 1
ボウ......坊 5
ボウ......貿 12
ブン......文 5
ブツ......仏 1

C （ち）

ち.......血 10
ちが......違 (う) 1
ちから...力 3
チョウ....徴 6

D （だ～ど）

ダイ......代 3
ダイ......第 12
だれ......誰 8
デン......伝 10
ド.......努 11
ドク.....独 7

ども .....供 4
ドウ .....動 4
ドウ ....同 6

E （え）

え ....江 5
え ....絵 5
え ....得 (る) ... 12
エイ .....影 10
エキ .....易 12

F （ふ）

フ ....府 7
フ ....普 7
ふか .....深 (い) 9
ふね .....船 4

G （が～ぎょ）

ガク .....楽 7
ゲイ .....芸 11
ゲン .....言 9
ゲン .....現 10
ゲン .....間 10
ゲン .....原 11
ゲン .....源 12
ギ ....技 6
ギ ....義 12
ぐらい ...位 8
ギョウ ...業 12

162

H （は〜ひょ）

はじ ...... 始 （め／める） 2
はじ ...... 初 （めて） 4
ハン ...... 反 3
ハン ...... 犯 7
ハン ...... 般 11
はし ...... 走 （る） 1
はたけ ... 畑 2
はやし ... 林 2
ヘン ...... 変 1
ヒ .... 非 9
ヒ .... 飛 9
ヒ .... 比 12
ヒキ ...... 匹 3
ひく ...... 低 （い） 11
ヒツ ...... 必 6
ほそ ...... 細 （い） 10
ホウ ...... 法 6
ホウ ...... 封 11
ヒョウ ... 標 9
ヒョウ ... 表 11

I （い）

イ .... 意 1
イ .... 以 5
イ .... 移 7
イ .... 位 8
いけ ...... 池 10
イキ ...... 域 12
イク ...... 育 12
イン ...... 印 9
イン ...... 因 11

いの ..... 祈 （る） 8
いのち ... 命 4
いぬ ..... 犬 6
いそが ... 忙 （しい） 1
いと ..... 糸 10
いわ ..... 岩 10

J （じ〜じょ）

ジ .... 治 5
ジン ..... 臣 8
ジン ..... 神 10
ジツ ..... 実 1
ジャ ..... 社 10
ジュン ... 準 9
ジュツ ... 術 6
ジュウ ... 重 12
ジョウ ... 条 7
ジョウ ... 常 9

K （か〜きゅ）

カ .... 歌 2
か .... 変 （わる／える） .. 3
カ .... 化 5
カ .... 科 6
カ .... 果 12
カイ ..... 界 2
カク ..... 較 12
かみ ..... 神 8
カン ..... 関 1
カン ..... 簡 6
カン ..... 韓 6
カン ..... 幹 9
カン ..... 慣 9

カン ..... 感 10
カン ..... 完 11
カン ..... 環 12
かな ..... 悲 (しい) 4
かなら .... 必 (ず) 6
からだ ... 体 2
かれ ..... 彼 8
かたな ... 刀 8
かたち ... 形 3
か（わ）.. 代 (る) 12
カツ ..... 活 2
かず ..... 数 7
ケイ ..... 係 1
ケイ ..... 経 2
ケイ ..... 敬 6
ケイ ..... 系 7
ケン ..... 験 2
ケン ..... 研 5
ケン ..... 件 7
ケン ..... 建 11
ケツ ..... 結 8
ケツ ..... 決 11
キ .... 紀 6
キ .... 機 9
キン ..... 禁 10
こえ ..... 声 4
こころ ... 心 4
コン ..... 婚 8
ころ ..... 殺 (す) 3
ころ ..... 頃 8
こた ..... 答 (える) 6
こと ..... 言 9

コウ ..... 孝 4
コウ ..... 仰 10
ク .... 区 6
くみ ..... 組 6
クン ..... 訓 6
くら ..... 比 (べる) 3
くら ..... 暗 (い) 3
くらい ... 位 8
くる ..... 苦 (しい／しめる) ... 9
キャク ... 客 2
キョウ ... 興 5
キョウ ... 響 10
キョウ ... 共 12
キョウ ... 協 12
キョウ ... 境 12
キュウ ... 究 5
キュウ ... 級 5
キュウ ... 給 7
キュウ ... 球 12

M （ま～む）

まめ ..... 豆 12
マン ..... 満 9
まな ..... 学 (ぶ) 6
まず ..... 貧 (しい) 12
メイ ..... 名 2
メイ ..... 命 10
メン ..... 面 9
ミ .... 味 1
み .... 身 11
ミン ..... 民 7
みなと ... 港 9

164

みせ......店 2

みやこ....都 8

モク.....目 6

モ（ン）..文 6

モン......門 10

もり.....森 2

もっと....最（も）....... 5

もう.....申（す）....... 1

むかし....昔 6

むら.....村 3

N （な〜にゅ）

な.......泣（く）....... 4

な.......慣（れる）..... 9

ね.......根 4

に.......似（る）....... 6

に.......逃（げる）..... 7

ニク.....肉 5

のこ.....残（る）....... 1

ノウ.....農 11

ニユウ...入 5

O （お）

お.......降（りる）..... 1

お.......起（きる）..... 6

お.......置（く）....... 8

お.......落（ちる）.....10

おこ(な)..行（う）...... 6

オク.....億 12

おも.....主 10

おも.....重 12

オン.....恩 4

オン.....音 6

おと.....音 6

オウ.....王 5

オウ.....欧 12

P （ぱ）

パン.....般 11

R （ら〜りゅ）

ラク.....楽 9

レイ.....礼 8

レイ.....令 10

レキ.....歴 6

レン.....連 7

リン.....輪 11

リツ.....立 7

リツ.....律 7

ルイ.....類 6

リョウ...量 12

リュウ...流 10

S （さ〜す）

サ.......差 7

さ.......咲（く）.......11

サイ.....最 5

サイ.....才 7

サイ.....済 7

サイ.....際 7

サク.....策 10

さくら...桜 6

さま.....様 8

サン.....賛 3

サン.....産 12

セ.......世 2

せ／せい	背	....	7
セイ	成	....	3
セイ	性	....	7
セイ	政	....	7
セイ	制	....	11
せま	狭 (い)	....	9
セン	戦	....	7
セン	線	....	9
セン	専	....	10
シ	自	....	2
し	死 (ぬ)	....	4
シ	史	....	6
シ	師	....	8
シ	止	....	10
シ	士	....	11
シ	思	....	11
シ	市	....	12
シ	資	....	12
しあわ	幸 (せ)	....	8
シキ	式	....	10
しま	島	....	4
しめ	示 (す)	....	6
シン	信 (じる)	....	1
シン	臣	....	8
シン	神	....	10
シン	進	....	12
しら	調 (べる)	....	5
した	親 (しい)	....	10
シツ	質	....	1
シツ	失	....	8
ショク	職	....	11
ショウ	象	....	9

シュ	手	....	2
シュ	首	....	6
シュ	種	....	6
シュウ	宗	....	5
シュウ	州	....	9
ソ	祖	....	1
そだ	育 (てる／つ)	.....	12
ソク	足	....	9
ソウ	争	....	7
ソウ	想	....	9
す	住 (む)	....	2
す	好 (き)	....	3
す	捨 (てる)	.....	10
すえ	末	....	6
スン	寸	....	8

T （た～つ）

たび	旅	....	9
たち	達	....	1
たが	互 (い)	....	9
タイ	対	....	3
タイ	体	....	5
タイ	太	....	12
タン	単	....	6
たの	楽 (しい)	....	4
たの	頼 (む)	....	4
たす	助 (ける)	....	4
たたか	戦 (う)	....	8
タツ	達	....	6
テイ	定	....	9
テキ	的	....	6
テン	点	....	5
てら	寺	....	8

テツ ..... 鉄 1
テツ ..... 哲 6
と .... 取 (る) 3
ト .... 途 4
と .... 飛 (ぶ) 8
とも ..... 供 4
とり ..... 鳥 4
トウ ..... 頭 10
トウ ..... 統 10
つち ..... 土 3

U （う）

う .... 受 (ける) 7
う .... 植 (える) 11
うご ..... 動 (く) 4
ウン ..... 運 4
うら ..... 浦 4
うし ..... 牛 5
うつく .... 美 (しい) 2

Y （や〜ゆ）

ヤ .... 野 3
ヤク ..... 役 7
よ .... 良 (い) 6
よ .... 呼 (ぶ) 8
ヨウ ..... 要 6
ユ .... 輪 5
ユ .... 油 12
ゆび ..... 指 8
ユウ ..... 有 2
ユウ ..... 由 5

Z （ざ〜ぞ）

ザイ ..... 済 7
ザイ ..... 在 10
ザン ..... 残 3
ゼン ..... 然 2
ゼン ..... 禅 11
ゾク ..... 族 4
ゾク ..... 足 9
ゾン ..... 存 9
ゾウ ..... 像 10

● Vocabulary Index ●

A （あ）

ああ　like that　11
あびる　bathe　4
あぶら　油　(cooking) oil　12
あちこち　here and there　2
あいす（る）愛す（る）　love　10
アイダホ　Idaho　2
あいて　相手　partner　6, 8, 11
あじ　味　taste　4
アジア　Asia　7, 12
あじわう　味わう　taste　11
あくにん　悪人　wicked person　10
あな　hole　8
アナウンス　announcement　1
あらし　storm　4, 9
あらすじ　plot　10
あらためて　anew　7
あらわす　表わす　express, exhibit　11
アルバイト　part-time job　2
アルファベット　alphabet　6
あるきまわる　歩き回る　walk around　8, 9
あらわす　表わす　express　6, 11
ある（所、日）(a) certain　4, 7, 8, 10, 11
あさがお　朝顔　morning glory　11
あそぶ　遊ぶ　play　1
あたえる　与える　give　10
あたま　頭　head　5
あたり　vicinity　8
あたりまえ　当たり前　natural　2, 5, 6
あてる　当てる　apply　6
あつめる　集める　collect　11
あっというまに　あっという間に　in an instant　4
（〜し）あう　合う　do 〜 mutually　10

B （ば〜ぶ）

ばあい　場合　case　1, 5, 7
バイリンガル　bilingual　9
ばかにする　make fun of　8
(N) ばかり　nothing but　2, 9, 10
（〜した）ばかり　just did ...　1
（〜した）ばかりの...　(who) just did...　7
ばかりではなく　not only　1, 7, 12
ばくふ　幕府　Shogunal government　10
バングラデシュ　Bangladesh　7
バランス　balance　3, 5
ばしょ　場所　place　9
べいソ　米ソ　United States and Soviet Union　12
ベジタリアン　vegetarian　5
べき　ought to　12
べんり　便利（な）　convenient　2
べんとう　弁当　box lunch　3
べつに〜ない　別に〜ない　not especially　1
びんぼう（な）　poor　2
ビザがきれる　ビザが切れる　visa expires　7
ボート　boat　8
ぼうえき　貿易　trade　12
ぶぶん　部分　part　6
ぶんか　文化　culture　5, 6, 11, 12
X ぶんのいち　X分の一　1 / x　5, 9, 12
ぶんや　分野　field　12
ブロック　bloc　12
ブロンド　blond haired　7
ぶしゅ　部首　radical　6
ぶすりと　(stab) something hard and deep　8
ぶっか　物価　price of things　2
ぶっきょう　仏教　Buddhism 1, 5, 9, 10, 12

C （ち）

ち 血 blood 10
ちび midget 8
（〜に）ちがいない 違いない must be, no doubt 8, 10, 11
（〜とは）ちがって 違って unlike 3, 8, 12
ちい 地位 rank 8
地位に付(っ)く assume a position 11
ちいきしゅぎ 地域主義 regionalism 12
ちかく 近く vicinity 2
ちから 力 power 3, 5, 8, 11
ちかてつ 地下鉄 subway 1
ちかづく 近づく approach 4
ちきゅう 地球 the earth 12
ちず 地図 map 1
チャイナタウン Chinatown 7
チャンス chance 12
ちゃをいれる 茶を入れる make tea 11
ちゃしつ 茶室 tea (ceremony) room 11
ちゃどう 茶道 tea ceremony 11
ちゃわん 茶わん tea bowl 11
ちゅうごく 中国 China 5, 6, 7, 9, 10, 12
ちゅうなんべい 中南米 Central and South America 12
ちゅうとう 中東 Middle East 12
ちゅうしん 中心 the center 2, 5, 6, 8

D （だ〜ど）

だいぶ a good deal 2
だいいち（の） 第一（の） primary 12
だいがいしゃ 大会社 big company 12
だいじん 大臣 minister 8
だいじにする 大事にする take care of 2
（〜する）だけ it's just that... 3, 6
だけでなく not only 11
ダム dam 3
だんじょ 男女 men and women 6
だんせい 男性 male 7
だれでも 誰でも anyone 7, 11
だれもが 誰もが everyone... 9
...である ＝です、だ 4
でぐち 出口 exit 1
できあがる 出来上がる consist of 7, 11, 12
できれば if possible 10
できる 出来る be built 3, 10, 12
できるだけ as much as possible 6
(...)でも ... or something 3, 9
でんとう 伝統 tradition 10
ではないか I wonder, isn't it... 4, 5, 7, 9, 10
〜ではなくて not ~ but... 1, 10
どちらかと言えば If I had to say one way or the other 5
どこでも everywhere 3
どくりつする 独立する become independent 7
どんどん rapidly 8
どんなに〜ても no matter how... 8, 11
どりょくする 努力する make efforts 11
ドル dollar 2
どうぶつ 動物 animal 4, 5, 10, 14
どうじに 同時に at the same time 6, 12
どうか I beg you, please 8
どうしても no matter what 4, 5, 10, 11

E （え）

え 絵 picture 5, 6
エビ shrimp 5, 12
えど 江戸 Edo 5, 10, 11
えはがき 絵はがき postcard 9
えいきょう 影響 influence 10, 11
えいよう 栄養 nutrition 5
えき 駅 train station 1
えん（がある） connection, fate 1, 4
えらい great, distinguished 3

F （ふ）

ふあんてい 不安定 unstable 12
ふべん 不便 inconvenient 1

ふだん（の）　usually, (everyday's) 11
ふえる　increase (v.i.) 7
フィート　feet 7
フィリピン　Philippines 7
ふかい　深い　deep 9, 12
ふくめる　include 12
ふみえ　ふみ絵 a picture to be stepped on 11
ふみつぶす　step on and crush 8, 10
ふむ　tread 8, 10
ふね　船　ship 4, 9, 12
ふろ　bath 2
ふろや　ふろ屋　public bath 2
ふる　shake 8
ふるくは　古くは　in former times 7
ふるさと　hometown 4
ふた　lid, cover 4
ふつう　普通 ordinary 1, 7, 9, 10, 11
〜ふう　〜風　~style 6
ふやす　increase(v.t.) 12

G （が〜ぐ）

がいこくじん　外国人　foreigner 1, 2, 7
がいらいご　外来語　loan word 6
がくぶ　学部　department(university) 7
がくしゃ　学者　scholar 6
（〜した）がる　anxious to 7, 11
がた　方 (honorific plural used for people) 5
がっかりする　be disappointed 6, 8
ぎじゅつ　技術　technology 6
ぎん　銀　silver 4
ギョーザ　Chinese dumpling 5
げい　芸　art, craft 11
げいじゅつ　芸術　art 11
げんいん　原因　cause 11
げんざい　現在　present 10, 11, 12
ごちそうになる　be invited for a meal 3
ごかい（する）　misunderstand 6
ごくんと　with a gulp 8
ゴミ　garbage, trash 3
ゴルフじょう　ゴルフ場 golf course 3

〜ごう　〜号　number or title　[used for
　　train, ships etc. e.g. ひかり 8号] 9
グループ　group 2

H （は〜ほ）

はだ　skin 7
はで（な）　bright, loud 11
ハエ　fly 8
はえる　grow 12
はじめ　始め　at first 2
はじめる　始める　start 3
はじめて　初めて　for the first time 4
（〜を）始めとして　from...on down 12
はじめは　始めは　at first 2
はこ　箱　box 4
はくじん　白人　Caucasian 7
はなれる　go (far) away from 9, 11
はなしあい　話し合い　talks 6
（〜という）はなしだ　話しだ　I hear 3
はなしことば　話ことば　spoken language
　　　　　　　　　　　　　　　　　　6
はんぶん　半分　half 5
はんにん　犯人　criminal 7
はんたいに　反対に　conversely 5, 6, 7
はんたいする　反対する　oppose 3
はをみがく　brush one's teeth 3
はり　needle 8
はしる　走る　run 1
ハス　lotus 10
はたけ　畑　(farm) field 2
はつめいする　発明する　invent 6
はつおん　発音　pronunciation 6
はっきりした　distinct 11
はったつする　発達する　develop 6, 9, 12
はってんとじょうこく　発展途上国
　　　　　　　developing country 12
はず　be supposed to 1, 9, 11
はずかしい　embarrassing 2, 3
はずれ　outskirts 8
はやし　林　woods 2, 12

170

へる decrease

ひじょうに 非常に extremely 9

ひげ beard 8

ひげをはやす grow a beard 8

ひごとに 日毎に day by day 7

ひかくてき 比較的 comparatively 12

ひっこす move (residence) 2

ひき 匹 counter for animals 3, 4, 8, 10

ひこうき 飛行機 airplane 9, 12

ひく 引く pull 8

ひくい 低い low 8, 11

ひめ（おひめさま） princess 8

ヒント hint 11

ひらがな hiragana 6

ひろい 広い spacious 1

ひろがる 広がる spread 5

ヒスパニック Hispanic 7

ひとこと 一言 a (single) word 9

ひつよう 必要 necessity 6, 7, 11, 12

ひょうげん 表現 expression 11

ひょうじゅんご 標準語 standard dialect 9

（～する）ほど extent 2, 10, 11, 12

ほど about 4, 9

ほね 骨 bone 5

ほんの only 7

ほし 星 star 7

（～して）ほしい want ...to do 11

ほそい 細い thin, slender 10

ほとんど almost 7, 10

ほっかいどう 北海道 northernmost of the
four islands of Japan 7

ほうげん 方言 dialect 9

ほうほう 方法 method 6, 10

ほうけんてき 封建的 feudalistic 11

ほうりつ 法律 law 7

ほうし 法師 Buddhist priest 8

I （い）

いちば 市場 market (shopping) 12

いちぶぶん 一部分 one part 6, 7

いちいち 一々 one by one 6, 11

（～と）いえば 言えば speaking of ~ 2, 3

いがいは 以外は except for, apart from 7, 9

いがいに 以外に besides 5, 11

いがいの 以外の other than 6, 10, 11

（～したら）いい I wish ... 8

いじめる bully, torment 4

いじょう（の） 以上（の） the above
(mentioned) 6, 7, 8, 10, 12

いじょう 以上 more than 9, 12

いか 以下 less than 12

いけ 池 pond 10

いきる 生きる live 4, 5, 10, 14

いきていられる 生きていられる
be able to be alive 4

いみ 意味 meaning 1, 6, 9, 10, 11

いみん 移民 immigrant 7

いもうと 妹 younger sister 2

インディアン Native American 7

インド India 7

インドネシア Indonesia 12

いんしょう 印象 impression 9

いなか countryside 2

いのち 命 life 4, 10, 13

いのる 祈る pray 8, 10

イラン Iran 7

いし 石 stone 7

そがしい 忙しい busy 1

いそぐ 急ぐ hurry up 1

いと 糸 thread 10

いっぱんてきにいって 一般的に言って
generally speaking 11

いっぽうでは 一方では on the one hand 2

いっしょう 一生 whole life 4, 9, 10

いっしょうけんめい 一生けんめい
with all one's might 12

いっそう even more 11

いったい what on earth 7

（～とは）いっても 言っても
even though 12

いうまでもない　言うまでもない
needless to say 12

いわ　岩　rock 10

いわゆる　so-called 12

いや　no 3

いや（な）　unpleasant 9

いやあ！　Oh! 3

いぜん　以前　before 6, 7, 9, 10, 12

J（じ）

じかんひょう　時間表　time table 11

じこ　事故　accident 10

じだい　時代　age, period 3, 5, 6, 10, 11, 12

じごく　地ごく　Hell 10

じじつ　事実　fact 7

じんじゃ　神社　shrine 10

じんこう　人口　population 2, 10, 12

じんしゅ　人種　race 7

じっさいには　実際には　in fact 7, 11

じつは　実は　actually 1, 4

じゅぎょう　授業　class, classwork 8

じゆう（な）　自由（な）　free 6, 11, 12

じゆうしゅぎ　自由主義　liberalism 12

じゃま（な）　nuisance 6

ジャズ　jazz 2

じょちゅう　女中　maid 4

じょう　a counter for tatami mats 11

じょうけん　条件　condition 7, 12

じゅうよう　重要（な）　important 12

K（か〜く）

か　or 1, 6

かばん　bag, briefcase 1

かべ　wall 4, 12

カエル　frog 8

かがく　科学　science 6

かいかえる　買いかえる
buy and change to new one 3

かいせき　懐石　Kaiseki (ryoori) 11

かいわ　会話　conversation 5

かかわらず　in spite of ... 10, 11

かきあらわす　書き表わす
express in writing 6

かきことば　書き言葉 written language 6

かくれる　hide (v.i.) 10

かくす　hide (v.t.) 7, 10

カメ　turtle 4

かみ　神　God 8, 10

かんがえだす　考え出す
come up with (by thinking) 6, 10

かんがえかたをする　〜考え方をする
have a 〜way of thinking 9, 11

かんじ　漢字　kanji 6

かんじる　感じる　feel 10

かんけい　関係 relation (ship)
1, 5, 6, 7, 9, 10, 11, 12

かんがえかた　考え方　way of thinking 9

かんこく　韓国　Korea 6, 7, 12

かんきょう　環境　environment 12

かんせいする　完成する　complete 11

かんしんする　感心する　be impressed 11

かんしゃする　感しゃする　thank 12

かんたん　簡単　simple, easy 6

かんたんにいえば　簡単に言えば
in short　11

...かな（かしら）　I wonder 1

かならず　必ず　without fail 6, 8, 9

かならずしも　必ずしも not necessarily 11

かなり　rather, quite 5, 7, 9, 10

かなう　be fulfilled 8

かなしい　悲しい　sad 4

かねもち　金持ち　a rich person 2

かのじょ　彼女　she 8

からだ　体　health, body 2, 4, 8

...からといって　からと言って
just because... it doesn't mean 10

かれ　彼　he 8

かれら　彼ら　they 11, 12

カレーライス　curry (curried rice) 5

カルシウム　calcium　5

かせぎ　earnings, income, pay　12

...かしら　I wonder　1

かしゅ　歌手　singer　2

かたち　形　shape, form　3, 6, 7, 10, 12

カタカナ　katakana　6

かたな　刀　sword　8, 11

かわいがる　treat with affection　5

かわいそう　pitiful, feel sorry　4

かわりに　代わりに　instead of　9

かわる　代わる　replace　12

かわる　変わる　change　3

かわった　変わった　strange　7

かわっている　変わっている　strange　9

かよう　通う　commute　7

かざる　decorate　11

かぜをひく　catch a cold　2

かぞく　家族　family　1

かず　数　number　7, 9

...けい　系　of ...descent　7

けいご　敬語　honorific language　6

けいじ　刑事　detective　3

けいけん　経験　experience　2, 7, 8

けいざい　経済　economy　3, 7, 9, 12

けいざいりょく　経済力　economic power
　　　　　　7

けむり　煙　smoke　4

けんか　fighting, quarrel　9

けんこう　健康　health　5

けんきゅう　研究　research　5, 6, 10

けっか　結果　result　12

けっこんする　結婚する　get married　8

けっして　決して　by no means, never　3, 11

きびしい　strict, severe　10

きがつく　気がつく　notice　4, 10, 11

きがする　気がする　have a feeling　9

きめる　決める　decide　1

(Xが)きにいる　気に入る　(X) appeals　2, 8

(Xが)きになる　気になる　(X) bothers　5

(〜する)きになる　気になる
　　　　　　come to feel like doing...　9

きをつける　気を付ける　be careful　5, 8

きまった　決まった　fixed　11

きん　金　gold　4

きんしする　禁止する　prohibit　10

きれる　切れる　be cut　10

キリストきょう　キリスト教
　　　　　　Christianity　10

キロ　kilogram, kilometer　12

きる　切る　cut　3

きせつ　季節　season　2

きゃく　客　guest, customer　2, 11

きょねん　去年　last year　2

きょうどう　共同　cooperation　12

きょういく　教育　education　12

きょうかい　教会　church　10

きょうみをもつ　興味を持つ
　　　　　　be interested in　5, 9

きょうりょくする　協力する　cooperate　12

きょうしつ　教室　classroom　11

きゅうに　急に　suddenly　4, 8

きゅうりょう　給料　salary　7

きゅうしゅう　九州　southmost island of
　　　　　　Japan　9

こども　子供　child　4

こえ　声　voice　4, 8, 10

こえがする　声がする　one hears a voice　8

こえをかける　声をかける　call out　8

こぐ　row　8

こくばん　黒板　blackboard　2

こくさい　国際　international　12

こくさいれんごうこく　国際連合国
　　　　　　(国連)　United Nations　12

こころ　心　heart　4, 10

こころをこめる　心をこめる
　　　　　　with all one's heart　11

こくせき　国せき　nationality　7

こっか　国家　nation, state　7

こくじん　黒人　black (person)　7

こめ　米　rice　5, 9, 12

こんでいる　be crowded　3
こんど　今度　next (another) time　1
コントロールする　control　12
これから　from now on　6, 7, 12
コロンボ　Columbo　3
ころ　頃　approximate point of time　8
ころす　殺す　kill　3, 7, 10
こそ　the very ...　8
コスタリカ　Costa Rica　12
こしょう　breakdown (machine)　3
こたえる　答える　reply, answer　6
ことば　language, word　1, 6, 9
ことに
（～する）ことになった
　　　　it was decided that ...　3, 8, 9, 11
（～する）ことになっている　it has
　　　　been arranged [it is the rule] that...
　　　　9, 11
（～する）ことにしている
　　　　make it a practice to...　1
こう　like this　11
こうえん　公園　park　2
こうがい　公害　pollution　3
こうぎょう　工業　manufacturing industry
　　　　12
こうこう　孝行（な）good to one's parents
　　　　4
こうこうせい　高校生　high school student
　　　　5
こうじょう　工場　factory　3
こうきゅう（な）高級（な）
　　　　high-grade　5, 12
こうして　in this way　4, 8, 11
こわす　destroy, break　12
こづち　small wooden hammer　8
くべつする　区別する
　　　　distinguish　6, 7, 10, 11
くみあわせる　組み合わせる　combine　6
クモ　spider　10
くん　訓　Japanese reading (of a kanji)　6
くに　国　country　5

くらべる　比べる　compare
くらい　暗い　dark　3, 8
（～する）くらい　to the extent　2, 9, 10
(X)くらい（のもの）だ
　　　　(X) is just about the only thing　6, 7
くらす　暮らす　lead a life　4, 7, 8, 9
くるしめる　苦しめる　give someone pain　9
くるしむ　苦しむ　suffer　10
くさをとる　草を取る　weed　3
くすり　薬　medicine, drug　3

M（ま〜む）

まちがい　間違い　mistake　3, 7
～までする　go so far as to do...　12
まど　窓　window　2
（～する）まい　will probably not..., I will
　　　　never ...　7, 12
まじめ（な）　earnest, hard-working　4, 8
（～した）まま　in the state of having
　　　　done ~　4, 11
まめ　豆　bean　12
まもる　protect　12
マリア　the Virgin Mary　10
まなぶ　学ぶ　learn　6
マングローブ　mangrove　2
まんぞくする　満足する　be satisfied　9
ますます　more and more　12
または　or　6
まったく　全く　totally
　　　　5, 6, 8, 10, 11, 12
まやく　麻薬　illicit drugs　10
まざる／まざりあう　まざり合う　mix　10
まず　先ず　first of all　5
まずしい　貧しい　poor　12
めいじ　明治　Meiji era　5, 6
めいじる　命じる　order　11
めいれいする　命令する　order　10
メキシコ　Mexico　12
めん　面　aspect　9, 11
めんどう（な）　troublesome　6

174

めんきょ　license　7
めしあがる　召し上がる　[honorific eat, drink　3
めした　目下　one's inferior　1, 11
めうえ　目上　one's superior　1, 11
めずらしい　rare　8, 11
みぶん　身分　status　11
みえる　見える　visible　1
みんしゅしゅぎ　民主主義　democracy 12
みんぞく　民族　ethnic group　7, 9, 11
みなと　港　port　9
みおくる　見送る　see someone off　8
みせ　店　store　2
みそ　soybean paste　5, 9
みそしる　soybean paste soup　5, 8
〜みたい　like 〜　3, 8
みつかる　見つかる　be found　4
みやこ　都　capital (lit.)　8
…もあれば…もある　There are... and also there are ...　6, 7
（…は）もちろん　not to mention　9
もどす　return v.t.　4
もじ　文字　letter, character　6
もくてき　目的　purpose　6, 12
もみじ　Japanese maple, autumn foliage　4
もん　門　gate　8
もんだい　問題　problem　3, 5, 6, 7, 12
もんくをいう　もんくを言う complain　3
（〜する）ものだ　that's the way it is　10
（〜した）ものだ　used to do　12
ものごと　物事　things　6
ものをたいせつにする　物を大切にする
　　　　use (things) with care　3
もり　森　forest　2, 3, 10
もともと　originally　1, 7, 10, 11
もとにして　based on　10
もとの　元の　former　7
もとづいて　founded on, based on　5
もってくる（いく）持って来る（行く）
　　　　bring [take] something to ...　4
もっとも　最も　the most...　5, 8, 11, 12

もうす　申す　[humble] say　1
むかえにいく　むかえに行く
　　　　　　　　go to pick up someone　3
むかし　昔　a long time ago
　　　　　　4, 5, 6, 7, 8, 9, 10
むかう　head for　12
むら　村　village　3, 4, 8
むりな　無理な　unreasonable　12
むりやり　無理やり（に）by force　8
むし　bug　3
むしろ　rather　5
むすこ　son　3

N （な〜ぬ）

…など　the likes of...　7, 10
ながいき（する）　長生き（する）
　　　live long　11
ながめる　get a view of　4
なかなか（〜ない）not easily　1, 12
ながら　while　4　although　6
ながれる　流れる　flow　3
ながされる　流される　be washed　9
ながす　流す　carry / wash by means of
　　　　　　current　9
なく　泣く　cry　4
なくなる　disappear, die　12
なまいき（な）impertinent, cheeky　8
なんぼくもんだい　南北問題
　　　　North-South problem　12
なんでもない　何でもない　easy　10
なんねんか　何年か　several years　3
なんと（て）何と（て）What [How]...!
なにか　何か　somehow　9
なおる　get well　10
ならべる　line up　6
（〜しては）ならない　must not　6, 7
なれる　慣れる　get used to　2, 6, 9
なるべく〜　as 〜 as possible　6
なぜか　(don't know) why　9

なづける　名付ける／なをつける　名を
　　　　　　　　付ける　name 8, 9
（〜せ）ねばならない　have to do 12
ねがいごと　願い事　wish 8
（８０）ねんだい　年代　(80)'s
〜に（は）　for 〜 5
にがて（な）　にが手（な）　be bad at...
　　　　　　　　　　　　　　1, 5
にげる　逃げる　escape 7, 8
にぎやか（な）　bustling 8
にく　肉　meat 5
にもかかわらず　in spite of 10, 11
にんげん　人間　human being 10, 11
にんげんせい　人間性　human nature 10
にんきがある　人気がある　popular 5, 11
においがする　smell a smell 8
にる　似る　resemble 6, 7
にわ　庭　yard, garden 11
のぼる　climb, go up 4, 8, 10
のちに　後に　afterwards 10
（〜する）のがみえる　のが見える
　　　　　　　　　can see ... doing 〜 4
のこす　残す　leave behind 4
のこる　残る　remain 1, 4, 7, 10
のみこむ　飲みこむ　swallow 8
のむ　飲む　drink, swallow 8
（〜する）のに　in doing 〜 2
のせる　put, lay 〜 on / in 8
のうぎょう　農業　agriculture 11
のうみん　農民　farmer 11, 12
のぞく　exclude 7, 12
ぬく　pull out 8

O（お）
おぼうさん　お坊さん　Buddhist priest
　　　　　　　5, 6, 9, 10
おちゃ　お茶　tea 3, 11
おちる　落ちる　fall, drop 10
おどろく　be surprised 2, 10
おどろいたことに　to one's surprise 11

おい　nephew 3
おい！　Hey! 4, 10
おかげで　thanks to 4
おかしい　strange, odd, funny 3, 4
（に）おける　in 10
おきる　起きる　get up, break out 6, 7
おこなう　行なう　perform, carry out 6, 12
おく　put, place 4, 8
おく　億　一億　100 million 2, 12
おくる　送る（家へ）　send...home 4
おくる　送る（一生を）　lead a whole life 9
おまえ　お前　[informal] you 8
おもい　重い　heavy 12
おもいだす　思い出す　recall 4
おもいで　思い出　memory 4
おもに　主に　mainly 10, 12
おん　音　Chinese reading of kanji 6
おん　恩　debt of gratitude 4
おんがえしする　恩がえしする
　　　　　　　repay for one's kindness 4
おんがく　音楽　music 7
おねがいだから　お願いだから
　　　　　　　I beg of you... 4, 8
おに　goblin 8
おおくの　多くの　many 10
おおしえする　お教えする　[humble]
　　　　　　　teach 1
おれ　[informal] I 10
おりる　降りる　get off 1
おろす　lower 10
おそろしい　frightening 10
おしゃかさま　おしゃか様　Buddha 10
おと　音　sound 6
おとがする　音がする　one hears a sound 8
おとな　adult 8
おう(さま)　王(様)　king 5
おうしゅう　欧州　Europe 12
おうしゅうきょうどうたい　欧州共同体
　　　　　　　European Community 12

おうしゅうれんごう　欧州連合
European Union 12
おわらせる　終わらせる　finish (v.i.) 11
おわる　終わる　finish (v.t.) 4
おやゆび　親指　thumb 8
およぐ　泳ぐ　swim 2

P（ぴ〜ぽ）
ぴかぴかひかる　ぴかぴか光る　glitter 8
ピストル　pistol, guns 6
ぽんとでる　ぽんと出る　pop out 8
ポルトガルじん　ポルトガル人
Portuguese 10

R（ら〜る）
…ら　…and others
［かれら　彼ら］　they 11, 12
ラーメン　Chinese noodle (soup) 5
らく　楽（な）　easy 9
らんぼう　乱暴　roughness
ラテンご　ラテン語　Latin 6
レベル　level 11
（お）れいをいう　（お）礼を云う
thank 8
れきし　歴史　history 6, 7, 10, 11
れんごう　連合　union 12
りん　輪　counter for flower 11
りそう　理想　ideal 5, 9
りゆう　理由　reason 5, 6, 10, 12
りょう　量　amount 12
りょうしん　両親　parents 2
りゅうぐう　Sea God's Palace 4
りゅうこう　流行　fad, fashion 10
ロック　rock 2
ルール　rule 11

Sa ~ Se（さ〜せ）
〜さ　〜ness, ~ity 11
さべつする　差別する　discriminate 7
さびしい　lonely 8

さどう（＝ちゃどう）　茶道　tea
ceremony 11
〜さえ（すれば）　if only one does ~ 9
…さい　才　…year(s) old 7, 9
さがす　探す　look for 4
さいご　最後　the last 6, 8, 10, 11
さいきん　最近　recently 5, 7, 12
さく　咲く　bloom 11
さくら　桜　cherry tree 6
さまざま（な）　various 5, 7
さむらい　samurai 11
さんぎょう　産業　industry 12
さんせいする　賛成する　approve, agree 3
さらに　moreover 6, 7, 12
〜される　〜する　[honorific] 3, 10
サル　monkey 4
さす　stab, pierce 8
さっそく　without a moment's delay 8
さわぐ　make a lot of noise 4
せ／せい　背　stature 7, 8
（〜の）せい（で）　because of ~ 12
…せい　性　…ness, character 10, 12
〜せい　製　made in ~ 2
せいど　制度　system 11
せいふ　政府　government 7
せいじ　政治　politics 11, 12
せいかつ　生活　life 2
せいかつすいじゅん　生活水準
standard of living 12
せいき　世紀　century 6, 9, 10, 11
せいさく　政策　policy 10
せいよう　西洋　West, Occident 6
せかい　世界　the world 2, 5, 6, 10, 11, 12
せきゆ　石油　petroleum 12
せまい　狭い　narrow 3, 9
せまいこころ　狭い心　narrow mind 10
センチメートル　centimeter 11
せんごくじだい　戦国時代
the Era of the Nation at War 11
せんじつ　先日　the other day 2, 3

せんもんか　専門家　expert　10

せんしんこく　先進国 advanced country　12

せんそう　戦争　war　7, 9, 11

せつび　設備　facilities　6

せつめい　説明　explanation　1, 12

せっかく　take trouble to do ~　9

せっぷく　切腹　a form of suicide practiced by samurai　11

せわになる　世話になる　be taken care of　3, 8

せわをする　世話をする　look after　5, 10

Sha ~ Shu（しゃ〜しゅ）

しゃかい　社会　society　6, 7, 11

しゃかいしゅぎ　社会主義 socialism　12

しあい　試合　game 8

シアトル　Seattle　2

しあわせ　幸せ（な）happy　4, 8

しばしば　frequently　7

しげん　資源　resources　12

しほんしゅぎ　資本主義　capitalism　12

しじょう　市場　market　12

...しか（ない）　only　1

（〜する）しかない have no choice but ~　11

しかたがない　仕方がない　it cannot be helped　5

（〜で）しかたがない　仕方がない　so ~ that one can not stand it　8

しき　式　ceremony　10

しま　島　island　7

しまぐに　島国　insular country　11

しめす　示す　indicate　6, 7

しんじる　信じる　believe　1, 10

しんじゃ　信者　believer　10

しんかんせん　新幹線　Bullet Train　9

しんこう　信仰　faith　10

しんぱいする　心配する　worry　1

しんとう　神道　Shintoism　10

しんようする　信用する　trust　11

しお　塩　salt　5

しぬ　死ぬ　die　4, 7, 10, 11

しらべる　調べる　investigate　5

しそう　思想　thought　1

（〜）したがる　anxious to do ~　7, 9

（〜に）したがって　according to　11

したしい　親しい　intimate　10

したしみ　親しみ　familiarity　10

しつ　質　quality　7

しつもん　質問　question　1

しつれいします　失礼します　excuse me　8

〜してくる [いく]　has become ~, has been doing ~　5, 6, 7, 10, 12

〜してみる　try doing ~ (and see...)　4

〜しようかとおもう　〜しようかと思う　wonder if one should do ~　3, 6

〜しようとおもう　〜しようと思う　(I) think (I) will do ~　2, 10

〜しようとする try to do ~ (but fail...)　5, 8, 9, 10

しぜん　自然　nature　2, 3, 10, 12

しずか　静か　quiet　4

しずむ　sink, submerge　3, 4, 10

しょくぶつ　植物　plant　11

しょくぎょう　職業　occupation 11

しょくにん　職人　craftsman　11

しょっちゅう　very often　1

しょうばい　商売　business　3

しょうぎょう　商業　commerce 12

しょうがっこう　小学校　elementary school　2, 7, 9, 10

しょうがつ　正月　the New Year　5, 9

しょうにん　商人　merchant　11

しょうせつ（か）小説（家）novel (novelist)　7, 10

しょうゆ　soy sauce　5, 9

〜しゅぎ　主義　~ ism　12

しゅくだい　宿題　homework　2

しゅじん　主人　master, husband　11

しゅるい　種類　kind, type　5, 6, 7

178

しゅと　首都　capital　8
しゅう　州　state　9
しゅうかん　習慣　custom, habit　9, 11
しゅうきょう　宗教　religion　5, 10, 12

So ～ Su（そ～す）

そぼ　祖母　grandmother　1
そだてる　育てる　bring up, raise　12
そだつ　育つ　grow up　5
そふ　祖父　grandfather　1
そこで　then　6
そのうえ　その上　on top of that　3
ソれん　ソ連　Soviet Union　7, 12
それぞれ　each, respectively　6
そうだんする　相談する　talk over　11
そういえば　そう言えば
　　　　　　　　　That reminds me　9
（～し）そうになる　almost do ...　10
そうぞうする　想像する　imagine　11
すばらしい　terrific　4
すべて　all, entirely　10, 11
すでに　already　12
（...に）すぎない　過ぎない nothing more
　　　　　　　　than ...　10, 11, 12
すごす　過ごす　spend (time)　1
すえ　末　end　6
スイス　Switzerland　8
すきな　好きな　pleasing　3
すこしずつ　少しずつ　little by little　1
すむ　住む　live　2
すん　寸　1 /10 foot　8
～すれば～するほど　The more ～, the
　　　　　　　　more ～　10
スパイス　spice　5
する　[time] pass　11
すると then　1, 3, 8
すすむ　進む proceed, advance　12
ステレオ　stereo　2
すてる　捨てる throw away, give up
　　　　　　　　3, 10, 12

すっかり totally　11

T（た～と）

たび　旅　journey　9
（する）たびに　every time　1
ただ...　only...　10
（お）たがいに　互いに mutually　9
ただ　however　5, 8
たい　red snapper　5
たいへいよう　太平洋　Pacific Ocean　12
たいへんな　大変な　terrible　1
たいりつする　対立する　confront　12
たいせつにする　大切にする　use with
　　　　　　　　care　3
たいした...じゃない　大した...じゃない
　　　　　　　nothing serious, not a big deal　9
たいして～ない　大して～ない
　　　　　　　not very ～　9
（～に）たいして　対して　toward ～　9
（～するのに）たいして　対して
　　　　　　　in contrast to ～　11, 12
たいしょう　大正　Taisho period　10
たからもの　たから物　treasure　8
(...の) ために　due to ...　3, 6, 9, 10, 12
（～する）ために　in order to do ～　3, 5,
　　　　　　　6, 10, 12
たみんぞくこっか　多民族国家
　　　　　　　multiracial nation　7
たんぱくしつ　たんぱく質　protein　5
たのむ　頼む　ask for, request　4
たのしい　楽しい　enjoyable　4
たのしみにする　楽しみにする
　　　　　　　look forward to　11
たのしい　楽しい　happy　4
たのしむ　楽しむ　enjoy　12
（～ことは）たしかだ
　　　　　　　it is certain [true] ...　12
たりない　足りない　be not enough　2
たすける　助ける　rescue, help　4, 8, 10
たたかう　戦う　fight　8, 9

179　　　　　　　Vocabulary Index

たたみ　straw matting　11
たとえ〜（し）ても　even if 〜　11
たとえば　for example　1
たつ（時が ）elapse　4, 8, 9
たった　only　11
てがみ　手紙　letter　2
ていねい（な）　polite　1
〜てき　〜的　（に）（な）
　　　　　〜 al 〜ally, in terms of 〜　7, 9, 10,12
てん　点　point, respect　5, 7
てんごく　天国　Heaven　10
てによって　手によって　by (the hands of)
　　　　　　　　　　　　　　10
てら　寺　temple　8
てつだう　手伝う　help, assist　4
てつがく　哲学　philosophy　6
（〜し）ては ＝（〜し）たら　if ...
　　　　　　　　　　6, 8, 9
と　戸　sliding door　4
とびだす　飛び出す　jump out　8
とぶ　飛ぶ　fly　4, 8
とち　土地　land　2, 3, 7
とちゅうで　途中で　on the way　4
...とか　and such, and the like　1, 7, 11
（〜した）とき　時　when [after] (one has
　　　　　　　　done 〜)　10
とくちょう　特徴　characteristic　6, 12
とくに　特に　especially　1
ところで　by the way　1
ところが　however　4, 8
とにかく　anyway　12
〜とのことだ　it is said that 〜　5
（〜した）とおり　通り　exactly as ...　8
とおして　通して　through　7, 10
トラック　truck　3
とれる　取れる　be harvested　12
とり　鳥　bird　4, 5, 6
とりあげる　取り上げる　confiscate　11
とし　年　age, old age　2, 7, 8
としをとる　年を取る　grow old　8

としより　年寄り　old people　4
〜とすれば／としたら　if ...were to 〜　7
（〜した）とたん（に）the moment 〜　10
（...に）とって　for ...　10, 11
とう　頭　counter for large animals　10
とうふ　bean curd　5
とういつしゃ　統一者　a person who
　　　　　　　　　　　unifies...　11
とういつする　統一する　unify　11, 12
とうじ　当時　at that time　11
とうなんアジア　東南アジア Southeast
　　　　　　　　　　　　Asia　12
とうよう　東洋　East, Orient　6

Tsu（つ）
つち　土　soil　3, 5
つえ　walking stick, cane　8
つい（〜する ）carelessly (do 〜)　4, 5
ついに　finally　10
つかいすて　使いすて　disposable　3
つかまえる　catch　8
つかむ　seize　8
つきあう　付き合う　associate with　12
つきさす　stab　8
つまり　that is to say　2, 6, 11, 12
つめたいせんそう　冷たい戦争
　　　　　　　　　Cold War　12
つみとる　つみ取る　pick up (beans)　12
つれていく　連れて行く
　　　　　　　take someone to ...　2
つり　fishing　2, 3, 4
つる　catch (fish)　3
ツル　crane　4
つゆ　rainy season　2
つづけて　続けて　continuously　8
つづく　続く　continue　2

U（う）
うちでのこずち　mallet of luck　8
うちに　within　1

うえる　植える　plant 11, 12
うかがう　伺う　[humble] ask 1
うける　受ける　receive 7, 12
うごく　動く　move 2, 4
うま　馬　horse 5
うまれる　生まれる　be born 1
うまれてはじめて　生まれて初めて
　　　　　　for the first time in one's life 4
うん　[informal] yes 6
うんよく　運よく　luckily 4
うし　牛　cow 5, 8, 10
うしなう　失う　lose 8
うそをつく　tell a lie 11
うつくしい　美しい　beautiful 2, 4, 6, 8
うつる　移る　move (location) 7

W （わ）

ワープロ　word processor 6
わだい　話題　topic 8
わかい　若い　young 1
わかもの　若者　young people 4, 8, 10, 12
わけ　reason 8
〜わけでは（も）ない
　　　　it isn't the case that 〜 5, 8, 9, 10
〜わけだ　it means that 〜 5, 11
〜わけにはいかない　one cannot very
　　　　well do〜 5
わける　分ける　divide, split 10, 12
わらう　笑う　laugh 2
わたる　cross 9
わたしたち　私達　we 1
（お）わん　bowl 8
わざわざ　take the trouble to do 〜 9

Y （や〜ゆ）

やちん　家賃　rent (residence) 2
やはり　as expected, also, still 2, 9, 12
やく　約　approximately 2, 11, 12
やくにん　役人　government official 7

やくにたつ　役に立つ　useful 7, 9, 10
やくしゃ　役者　actor / actress 7
やきゅう　野球　baseball 12
やね　屋根　roof 4
やさい　野菜 vegetable 3, 5
やさしい　kind-hearted 4, 8
（お）やしき　mansion 8
やっぱり　（＝やはり）　as expected 3
やってくる　やって来る　come over 7
やっと　finally 9
よぶ　呼ぶ　call, invite 8
よい　良い　good 6
（〜して）よかった　(I am) glad that 〜 2
（〜すれば）よかった　I wish I had
　　　　　　done 〜 1, 3
よみかき　読み書き　reading and writing 8
（〜する）より... した方がいい
　　　　　　it's better...than 〜 11
よてい　予定　schedule 9
X （に）よって　by(means of)X
　　　　　　6, 7, 10, 11, 12
よう　用　＝用事　business 8
よう　get drunk, feel seasick 9
ようふく　洋服　clothes 2
（〜する）ようにする　try to 〜 6
（〜する）ように　so that 〜 6, 7, 8, 11
（〜する）ように（言う　）tell someone
　　　　　　to do 〜 4, 2
（〜する）ように　just as 5
（前に言った etc.）ように　as 〜 7, 10, 12
よわい　弱い　weak 3
よわめる　弱める　weaken 11
ヨーロッパ　Europe 7, 12
ようす　situation, appearance 4
ゆび　指　finger 8
ゆめ　dream 4
ゆにゅうする　輸入する import 5, 6, 9, 12
ゆれる　swing, shake 9
ゆしゅつこく　輸出国　exporting country
　　　　　　12

ゆしゅつする　輸出する　export 5, 9, 12
ゆたか（な）　rich 12
ユーゴスラビヤ　Yugoslavia 7
ゆうめい（な）有名（な）　famous 2, 7
8, 10

Z（ざ〜ず）

ざんねん（な）残ねん（な）
regrettable,
I'm sorry to hear / say ... 3, 7
（〜せ）ざるをえない　ざるを得ない
have to do ~, have no
alternative but ~ 12
ぜひ　by all means 1
ぜん　禅　Zen 11
ぜんご　前後　about, around 12
ぜんたい　全体　the whole, all 5, 10, 12
ゼロ　zero 3
...ぞ！　I bet..., I'm telling you... 8
ぞう　像　statue, image 10
ぞうり　Japanese sandal 11
ずっと　by far 3

Lightning Source UK Ltd.
Milton Keynes UK
UKOW05f1853160917
309267UK00005B/268/P